锦 瑟 Inlaid Zither

J S

在人生的痛苦和不幸中,我们需要阅读和思考。

叔本华随笔

〔德〕叔本华 / 著
衣巫虞 / 译

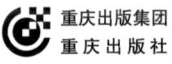

图书在版编目（CIP）数据

叔本华随笔 /（德）叔本华著；衣巫虞译. —重庆：重庆出版社，2022.3
ISBN 978-7-229-16630-4

Ⅰ.①叔… Ⅱ.①叔… ②衣… Ⅲ.①叔本华（Schopenhauer, Arthur 1788–1860）—文集 Ⅳ.①B516.41-53

中国版本图书馆CIP数据核字（2022）第028440号

叔本华随笔
SHUBENHUA SUIBI
〔德〕叔本华 著　衣巫虞 译

策 划 人：刘太亨
责任编辑：程凤娟
责任校对：朱彦谚
封面设计：日日新
版式设计：冯晨宇
插　　图：潘墨馨

重庆出版集团　出版
重庆出版社

重庆市南岸区南滨路162号1幢 邮编：400061
重庆博优印务有限公司印刷
重庆出版集团图书发行有限公司发行
全国新华书店经销

开本：787mm×1092mm　1/32　印张：10.25　字数：200千
2022年7月第1版　2022年7月第1次印刷
ISBN 978-7-229-16630-4
定价：65.00元

如有印装质量问题，请向本集团图书发行有限公司调换：023-61520678

版权所有　侵权必究

我们配不上叔本华,因为我们常常配不上自己的时代。

译者语

叔本华（Schopenhauer，1788—1860年）是少数几个扭转西方哲学发展方向的大哲学家之一。他的哲学思想继承和批判了康德[1]的哲学体系，融合了东方的婆罗门教与佛教理念，因此他被誉为"东西方哲学思想交融的第一人"。叔本华建立了以主观意志为本原的非理性的现代哲学体系，他对本能冲动和非理性力量的强调，他的洞见迭出、令人信服的冷峻的世界观，他的富于表现力和吸引力的语言风格，以及他对被众多哲学家忽视的主题和现象——包括色彩、天才、教育、命运、神秘主义以及人生智慧等方面——的孜孜不倦的探究，在他身后铸就了一段极为深远且引人注目的影响史。尼采曾无比尊敬地称叔本华为"我的伟大的哲学老师叔本华"，叔本华的哲学思想更是直接催生了尼采的有着深远影响的"权利意志论"。

---

[1] 康德（1724—1804年），德国哲学家、作家，德国古典哲学的创始人，代表作有《纯粹理性批判》《实践理性批判》《判断力批判》。——编者注

回顾20世纪的哲学史，生命哲学、存在主义、弗洛伊德主义、法兰克福学派等非理性思潮席卷世界，深刻影响了几乎所有的人文领域和艺术领域。因此，苏联哲学史家贝霍夫斯基在传记《叔本华》中断定："20世纪所有的唯心主义哲学如同一个合唱队，其中第一领唱人就是法兰克福的隐士。"美国"耶鲁学派"批评家哈罗德·布鲁姆更是在《小说家与小说》中声称："叔本华的杰作《作为意志和表象的世界》与整个19世纪及20世纪早期许多首要小说家的关系，以及对他们的影响，等同于弗洛伊德的著作对20世纪晚期至关重要的小说大师的关系及对他们的影响。左拉、莫泊桑、屠格涅夫、托尔斯泰和哈代同为19世纪的叔本华的继承人，这个传承经由普鲁斯特、康拉德和托马斯·曼，在博尔赫斯及最卓越的叙事作家贝克特的部分作品中达到顶峰。由于叔本华是影响弗洛伊德的主要前辈之一（尽管弗洛伊德本人否认这一点），我们不妨认为弗洛伊德对作家的影响，部分是叔本华已有影响的顺延。"

比起同时代的生前声名显赫的理性主义哲学家黑格尔，叔本华生前长期被学术界和一般读者忽视，直到生命的最后两年，才迎来命运的反转时刻——《附录与补遗》一书的出版，让他在整个欧洲声名鹊起。叔本华毫不掩饰自己对黑格尔的敌意，他将自己在哲学和学术道路上的失败都归罪于黑格尔及黑格尔门徒对他的隐藏、压制、诋毁和责难，甚至在自己的诸多著作中将黑格尔及其著作、门徒列为直接批判的对象。这种敌意不仅仅是出于他对黑格尔在德国哲学界崇高地位的嫉妒，更多是来自于二者哲学思想的尖锐对立，尽管他们之间不乏关联。但叔本华在生前数十年间受到的种种诋毁，必然会导致对其哲学家形象的扭曲和观点的歪曲——即使在20世纪早期，学术圈对其观点的介绍，也常常是建立在对其理论体系主要原则的敷衍了解上。

20世纪以来，尽管诸多科学技术领域都取得了令人振奋的进步与发展，但文化却在逐步衰落。世界上发生的各种大事都迫使人们不得不重新审视严肃哲学家的严肃思想，特别是叔本华的思想。第一次世界大战的爆发无情地动摇了人们在1914年之前对人类的完美性和道德感的信心，以及轻松愉悦的盲目乐观主义。紧接着，第二次世界大战爆发之前和战争期间的种种恐怖惨剧彻底粉碎了人们的盲目乐观主义。到了1945年，所有社会向善论的梦想都破灭了，人们不得不重新审视悲观主义哲学中令人不快的真理。在悲观情绪中，当代人开始对那些敢于呈现残酷现实，并为从出生、生存、苦难、死亡和重生的永恒奴役提供终极解脱和救赎愿景的思想体系，表现出日益强烈的兴趣。因此，自1945年以来，越来越多的人开始关注现实主义思想。地球上所有目睹和经历过野蛮的人，都渴望一种新的生活哲学，这种生活哲学将促使他们从第二次世界大战的废墟中重新拥抱生活并捡拾信心。

本书里的文章皆独立成篇，所讨论的话题涉及阅读、思考、写作、语言学习、命运、生存等诸多方面。这些话题的素材都源于我们的日常生活，因此，普通读者亦可跟随叔本华的引领，从熟悉的事物出发，领略他的宏大视野。叔本华的文章言之有物，观点明晰，"他们的思维直接指向事物本身"，"我们应像伟人一样思考，像凡人一样表达"（《论写作与文风》），读过叔本华这本著作的读者，不管是否同意叔本华的观点，对这一点大概都不会有异议：叔本华始终践行着自己的观点，客观清晰地表达着自己的思想。

叔本华在《论写作与文风》一文中谈到，"当思想开始为他人而存在时，就不再存在于我们的内心，就像孩子从母体分离，开启属于自己的存在一样"。不同时代不同的人，对叔本华的哲学思想有着不同的解读，今天的我们将与叔本华展开怎样的对话，又将如何理解和批判叔本华的哲学思想，相信每位读者在阅读过他的著作后，都会有自己的答案。但我提请读者留意叔本华在《论阅读与书籍》中说过的一句话："付诸纸上的思想不过是行人在沙地上留下的足迹：我们看得见他走过的路，但要知道他在沿途看见了什么，必须用我们自己的眼睛。"

衣巫虞

2021年3月27日

目录

译者语 /1

论命运 ………………………… 1
论生存的痛苦与虚无 ………… 39
论学者与博学 ………………… 63
论自为的思考 ………………… 83
论写作与文风 ………………… 99
论阅读与书籍 ………………… 179
论语言与词语 ………………… 193
论教育 ………………………… 219
论面相 ………………………… 229
人生的智慧 …………………… 241

叔本华年谱 /311

论命运[1]

"生活没有偶然,和谐与秩序主宰着一切。"
——普罗提诺:《九章集》第4集第4书第35章

我在这里分享的观点,不会指向任何明确的结论,实际上,它们应该被称为纯粹形而上的幻想,但我不能将这些观点抛诸脑后,因为这些观点在很多人那儿很受欢迎,这些观点至少可供人们参考和比较自身在同类问题上的想法。不过,依然要提醒读者们,下面所讨论的一切都充满疑问和不确定性,不仅对论题的解答如此,甚至连论题本身也如此。所以,在本篇中,我们不能期望得到任何确切的解答,只能就一些晦涩朦胧的事物稍作讨论而已——这些事物贯穿我们的一生,亦或当我们回首往事时,会不由自主地浮现在我们的脑海之中。就连我们对这个论题的观察,也不过是在黑暗中摸索探寻。虽然我们

---

[1] 原标题为《对个体命运浅显而审慎的超验思辨》。——译者注

注意到黑暗之中存在着某样东西，但是我们不知道它具体在哪，究竟是什么。然而，如果在讨论的过程中，我偶尔采用了某种肯定的甚至是教条式的口吻，那么，我在此统一说明：我这样做，只是为了避免反复怀疑和猜测的套话导致沉闷啰嗦，对此，读者们无须过于较真。

相信冥冥之中自有天意，或者相信个体生命中的大小事件，皆由某种超自然的力量驾驭牵引——这一信仰在任何时期都是普遍而流行的，甚至是那些反对一切迷信的思想家们，也对此笃信不疑，这与任何既定教条无关。而与之对立的首先是这一事实：正如人们信仰上帝（或神）一样，这一信仰实际上并非源于认知，而是源于意志（或意欲），它首先是我们悲惨境遇的产物。构成这一信仰的素材，虽然可能仅来自于知识，但也许能追溯到这样一个事实：偶然与变数，歹毒而残忍地戏弄我们千百回，但事情的结局有时却有利于我们，或使我们间接地得到极大的好处。在诸如此类的情形里，我们认识到了冥冥之中的上苍之手，尤其是在当它背离我们的认知，甚至是以我们憎恶的方式将我们引向好运的时候，我们能更清楚地看到它的作用。然后，我们会说："航行还算愉快，尽管中途船只失了事。"自身的选择与命运的引领是对照分明的，但与此同时，我们倾向于认为后者更胜一筹。正因为如此，当遭受厄运时，我们会用一句常常被证明是正确的格言来安慰自己："或许这是一件好事呢，谁知道呢？"这种想法其实正源于这一观点：虽然偶然统治着世界，但是错误却与之共治，因为我们同时受制于偶然与错误。现在看来，我们感到不幸的事，也许其实是件幸事。这样，当我们放弃偶然而转向错误时，我们不过是避开了一个世界暴君的打击，而奔向了另一个世界的暴君。

除了上述观点之外，把纯粹明显的偶然事件归因于某一目的或意图，的确是一个无比大胆的想法，但我相信，每个人在一生之中，至少真切地有过一次这样的想法。在所有种族和信仰里面，都能找到这种想法的踪迹。这种想法是荒谬透顶还是至为深刻，取决于人们对它的理解。然而，尽管支撑这种想法的实例有时相当明显，但总有一些根深蒂固的反对意见：若偶然不曾照拂过我们的事务，甚至不曾比我们的洞察力和理解力更好地照拂过我们的事务，那才是最大的奇迹。

一切事情的发生，无一例外都有其严格的必然性——这是一个必须被先验理解的，并因此被认为是无可辩驳的真理。在此，我将其称为是可论证的宿命论。在我的获奖论文中，这一真理就是事先被调研后所得出的结果。这一真理也得到了经验和后验的证实：毫无疑问，磁性催眠[1]，少数人所具有的第二视觉[2]，有时甚至是寻常的睡梦，都能直接而准确地预测未来的事情。能够对我的理论———一切发生的事都有其严格的必然性经验——进行证实的最突出的例子，尤其是在第二视觉中最为明显，经常早就通过第二视觉来预言的事情，后来我们见证了它们是如何完全精确地发生的，发生过程中所有伴随的细节都如同第二视觉预言的那样。即使我们故意竭尽所能地去阻止事情的发生，或使事情在发生细节上与预言所传达的不尽相同，也往往徒劳无功，因为正是为阻止事情的发生而做的努力，才促成了预言的实现。这在悲剧作品和历史中，都确有其事，神谕或睡梦预示的灾难恰是由人们的防范措施促成的。在众多例子中，我只需引用《俄狄浦斯王》以及希罗多

---

[1] 磁性催眠，也叫麦斯麦术，是由维也纳医生麦斯麦（F.A.Mesmer，1734—1815年）提出的心理治疗方法。——编者注

[2] 第二视觉，指预见力、洞察力，是感知存在于感官之外事物的显著力量。——编者注

德[1]的第一本书中关于克罗伊索斯和阿德拉斯托斯的精彩故事[2]。与这些例子相吻合的是，我们发现值得信赖的本德·本森所提供的有关第二视觉的案例——记录在由基泽编写的《动物磁性档案》的第8卷第3部分（尤其是第4、12、14、16个例子）以及容·史蒂林的《圣灵论理论》第155节中。假如拥有第二视觉的天赋更为常见，而不是如现在一般稀有，那么不计其数的预言就会准确无误地发生，证明所有事情的发生都具有其严格的必然性，那么确凿的事实就会普遍存在，也能被所有人接受。这样，人们都不会再有任何怀疑：不管事情的发展过程被描述成如何与实际相去甚远的纯粹偶然，实际上却并不是这样，相反，所有偶然事件本身都包含在一种隐秘的必然性之中，偶然本身不过是必然性的工具而已。自古以来，所有

---

[1] 希罗多德（约公元前480—公元前425年），古希腊作家、历史学家。他的《历史》记录了他在旅行中的见闻及波斯第一帝国的历史，是西方文学史上第一部被完整流传下来的散文作品，希罗多德也因此被尊称为"历史之父"。——编者注
[2] 克罗伊索斯，古代吕底亚国王。他梦到他的儿子阿杜斯将被尖锐利器刺死，于是他将儿子的军职撤销，结果儿子还是在捕杀怪兽的过程中被阿德拉斯托斯误用投枪射中身亡。——编者注

占卜师的不懈努力都只为能一窥其中奥秘。回顾前文所提及的预言实例，可以引出这一结论：所有事情的发生不但具有完全的必然性，而且从某种程度上来说，它是从一开始就注定了的，是客观确定的，因为这些事情在预言者眼里，皆早已显现为此刻已发生了的。尽管如此，我们仍可将其归因于因果链发展的必然结果。但无论如何，这种认知，或者更确切地说这种观点——一切事情的发生都具有必然性，这种必然性并非是盲目的，因此，我们人生历程中所发生的各种事件之间存在着必然的、系统的联系——是一种更高层次的宿命论。它无法像一般宿命论那样被加以证明，但每个人，可能迟早都会短暂或长久地认定这种宿命论，这是由一个人的思维方式来决定的。我们可以将这种宿命论称为超验宿命论，以区分于普通的可论证的宿命论。与一般宿命论不同，超验宿命论并非源于真正的理论知识或者必要的调查，因为这项工作可胜任者寥寥无几，而是在个体的人生进程中逐渐显露出来的。在所有的经历中，某些特定事件的发生格外引人注目，因为这些事件对当事人来说尤为适合，一方面，这些事件带有某种道德上的或者内在的必然性印记，另一方面，这些事件又带有某种完全的外在偶然性的清晰痕迹。这种现象的频繁发生逐渐导向一种观点，并形成一种信念：个体的生命历程，无论看上去多么杂乱无章，但它其实是一个完整而自洽的，具有明确方向与启发意义的整体，如同一部构思深刻的壮阔史诗[1]。不过，一个人的生命历程带给他的经验与教训只与他的个体意欲有关，而个体意欲归根结底不过是他的个体错误而已。这是因为计划和总体，并不同于哲学教授试图让我们相信的那样存在于世界历史中，而是存在于个体的生活中。事实上，国家只不过是抽象的存在，而个体才是真实的存在。因此，世界历史没有直接的形而上的意义，它实际上只是一个偶然的形态。在此，我提请读者们参见我在《作为意志和表象的世界》第1卷第35节中关于这一点所论述的内容。所以，在个体命运的问题上，很多人会产生超验宿命论的想法，也许每个人都会有这样的时刻，当生命之弦被拉到一定长度时，在仔细查阅和思考自己的生命之后，就会产生这样的超验宿命论的想法。的确，当一个人回顾生命中的种种细节时，有时会觉得仿佛一切都早有安排，粉墨登场的人们只不过是一出戏中的演员而已。这种超验宿命论不但给人许多

---

[1] 若我们在脑海中细细翻看过去的种种场景，就会发现每一件事似乎都早有安排，如同小说情节般有条不紊。——原注

安慰，而且或许多半是真的，因此超验宿命论一直在各个时代为人们所肯定，甚至被奉为信条[1]。在这里，值得一提的是，时年90岁高龄的涅布尔[2]在一封信中写道："通过仔细观察，我们能够发现，大多数人的一生都存在着某种计划，这种计划通过自身的天性或者外在的形势得以实施，就像是为他们量身定制的。他们的生活状态或许起伏不定且变幻无常，但最终还是会呈现出一种整体性，使得我们能够在这种整体性中观察到某种特定的和谐一致……无论其行动如何隐秘，命运之手依然清晰可辨；它可能会因外在影响或内在冲动而转移，甚至连相互矛盾的原因也可能随着它的方向一起运转。无论人

---

[1] 我们的行为和我们的生命历程都不是我们的作品，我们的本质和存在才是，虽然没有人会这么认为。因为，从严格因果关系而产生的情况和发生的外部事件来看，我们的行为和生命历程就会遵循着绝对的必然性发生。在一个人诞生的时候，他一生的整个过程甚至细节都已经被不可逆转地确定了。因此，当一个催眠者发挥出他最强的力量时，他就可以准确地预言一个人的一生。当我们思考和评价自己的生命历程、行为和所遭受过的苦难时，应该铭记这个伟大的、确切的真理。——原注
[2] 涅布尔（1744—1834年），魏玛宫廷大臣，作家、翻译家。魏玛，德国城市，曾是德国文化中心，从1547年起，魏玛成为萨克森-魏玛公国（后为大公国）的京城。——编者注

生的进程如何杂乱迷惘，动机与趋势、原因与方向总会展露真颜。"（《涅布尔文学遗著》，1840年，第2版第3卷）

在这里我所提到的每个人一生中的计划性，可以从人与生俱来的、顽固如一的性格中得到一部分解释，因为人的性格必然会将人带回同样的轨道。每个人都能直接地、笃定地辨认出什么是与自身性格相投的事物，一般来说，他不是在清晰的反省意识中领会到的这些，而是在直接地、本能般地遵循性格行事而已。如果这样的认知不能在意识清醒的情况下转化为行动，则无异于马绍尔·荷尔[1]的条件反射。正是因为这一特性，使得每个人都会追求和接受对个人来说合适的事物，即使他无法给自己一个为什么要这样做的明确解释，这种行为既不是源自外界也不是源于自身的错误观念和偏见。正如在沙滩上孵化的海龟，会径直爬向水域，即使它们看不见海水，这就是内在的罗盘在指引。神秘的特性，引领着每个人准确无误地走上那条对他来说唯一适合的道路，只有当他走到尽头，才会意

---

[1] 马绍尔·荷尔（1790—1837年），英国生理学家。在荷尔生活的年代，生物的有意识运动与无意识运动之间存在着混淆，而他对此进行了区分。——编者注

正如在沙滩上孵化的海龟，会径直爬向水域，即使它们看不见海水，这就是内在的罗盘在指引。神秘的特性，引领着每个人准确无误地走上那条对他来说唯一合适的道路，只有当他走到尽头，才会意识到这条路的方向始终如一。

识到这条路的方向始终如一。然而，鉴于外在环境的巨大力量和强烈影响，这似乎又不太充分。在此，令人难以接受的是：这世上最重要的事，即历经忙碌、烦恼和痛苦的一生，其受到的另一半指引，亦即源于外在的指引，竟纯粹地出自一只真正盲目偶然之手，这种偶然本身什么都不是，也毫无秩序和方向。相反，我们更倾向于相信，如同某些被称为"失真形象"的图像（蒲叶，《实验和气象物理元素》第2卷），肉眼所见的只是扭曲失真的残缺物体，但透过圆锥镜却能看见正常的人形。因此，对世界进程的纯粹的经验主义理解就像是肉眼对"失真形象"的直观感知，而认为世界进程遵循着命运的目的，就犹如透过圆锥镜看那些图像，因为圆锥镜将原本分散破碎的事物重新进行连接和整理。不过，与此对立的观点认为：我们自以为对生活事件的系统联系的感知，只是我们的想象力进行的无意识活动而已，而想象力发挥了整理和图解作用，类似于我们从一面布满斑点的墙上清晰地辨认出人形与群体，只不过是我们把在极为盲目的机缘下分散开来的斑点，有机地联系了起来。也许我们可以这样估计：对我们而言，从最崇高、最真实的意义来说，正确且有意义的事情，不可能仅仅只是计划过但从未付诸实施的事情，也就是说不可能是只存在于我们的想法之中的，被阿里奥斯托[1]称为"空洞不实的计划"的事情——这些计划因偶然而遭受挫败，我们余生都将为之痛惜不已——确切地说，这些事情铭刻在伟大的现实形象中，在认识到它的适当性之后，我们会坚定地说，这是命中注定，即必然要发生的事。因此，必须以某种方式，凭借根植于事物本质的偶然性与必然性的统一，来实现这个意义上的适当性。正是这种统一，才使人生历程的内在必然性首先表现为一种本能的冲动，然后才是理性的权衡，最后是外部环境的加入，在各种因素的共同作用下，当人生之路走到尽头时，这一生看起来就会像一个臻于完美的艺术品。在此之前，在尚未完成时，它像每一个处于规划阶段中的艺术品一样，看起来毫无头绪，但是当这个人此生已完结，仔细端详这个人一生的每一个人都不免发出惊叹：这样的人生历程简直是匠心独运、深谋远虑、坚持不懈的杰作。总的来说，人生的意义取决于人生的主体是平淡无奇还是精彩非凡。从这个角度出发，我们可以设想这一相当超验的思想：通常来说，控制"现象世界"的是偶然，但在背后支配着偶然的，却是无处不在的"思想世界"。当然，大自然

---

[1] 阿里奥斯托（1474—1533年），意大利文艺复兴时期著名的诗人，代表作有长诗《疯狂的罗兰》。——编者注

的慷慨无私只针对种属，而非个体，因为对大自然来说，前者就是一切而后者什么都不是。不过，在此我们假定发挥作用的，并不是大自然，而是存在于大自然之外的某种形而上的东西，它完整而不可分裂地存在于每个个体之中，因此，所有的一切都与每个个体休戚相关。

要弄清楚这些事情，我们确实应该首先回答以下问题：一个人的性格和其命运之间是否可能存在完全差异？或者，就重点而言：每个人的命运是否都与其性格相契合？又或者最后一个问题：是否真的存在一种不可思议的神秘必然性，像一出戏剧的作者一样，将一个人的性格和命运完美地结合在一起，但我们对此一无所知？

然而，我们以为我们每时每刻都是自己行为的主人，倘若回首往事，尤其是当我们回忆起自己迈出的不幸的那一步，以及因此招致的后果时，我们往往无法理解我们为什么会做这样的事或者不做那样的事，以至于看起来就像是有一种奇怪的力量在牵引着我们的脚步。所以，莎士比亚说：

命运，显示您的力量吧，我们身不由己，命定如何，就当如何！

——《第十二夜》第1幕第5场

古人的诗歌和散文总是不厌其烦地强调命运的无所不能，以此衬托人的无能为力，无论在哪，我们都可以看到他们对此深信不疑，因为他们认为事物之间有一种神秘的联系，这种联系比明晰的经验主义更为深刻（参见卢奇安[1]的《与死者对话》）。因此，这个概念在希腊语中有多个称谓：$πότμος$、$αισα$、$ειμαρμενη$、$πεπρωμενη$、$μοιρα$、$Αδραστεια$，等等。另一方面，单词"$πότμος$"，改变了物的概念，因为物是以"$νουζ$"作为次要的东西开始的，因此，物自然而然变得简单明了，同时也变得肤浅虚假[2]。甚至歌德[3]在《葛兹·冯·伯里欣根》的第5幕中也写道："我们人类无法主

---

[1] 卢奇安，古希腊讽刺散文作家，代表作有《真实的故事》《卢奇安对话录》。——编者注

[2] 奇怪的是，古人的思想竟由"全能命运"的概念启示、灌溉。不仅诗人——尤其是悲剧题材诗人，哲学家和历史学家都是这方面的证人。在基督教时代，这种思想退居幕后，鲜少有人坚持，大行其道的是"上帝掌管命运"的观念——这种观念以智力起源为前提，从个体存在出发，不再僵化和不可转移，同时，也不再深刻和神秘。因此，这种观念不能取代前者，相反，它还谴责前者缺乏信仰。——原注

[3] 歌德（1749—1832年），德国著名思想家、作家、科学家，古典主义代表人物之一。——编者注

宰自己，辖制我们的权柄交给了恶灵，他们妄图作弄我们，使我们灭亡。"另外，歌德在《艾格蒙特》（第5幕最后一场）中还写道："人们以为自己主导着生活，主宰着自己，但内心深处却不由自主地受到命运的牵引。"的确，先知耶利米曾说过："我晓得人的道路不由自己；行路的人也不能定自己的脚步。"[1]

所有的一切，是因为我们的行为是两种因素相互作用的必然结果，其中一个因素是性格：固定不变，且后知后觉，因此是逐渐为我们所了解的因素；另一个因素则是动机：这些源自外在的事物，是世界进程的必然产物，以一种近乎机械的必然性，在性格保持不变的前提下，决定了既定性格的作为。对即将发生的事情做出判断的是自我认知的主体，而这一认知的主体对于性格和动机而言是陌生的，它只是二者活动的关键旁观者。正因如此，它有时候也会感到惊讶。

我们一旦领会了这种超验宿命论的观点，并且从这个观

---

[1] 该句出自《圣经·耶利米书》第10章第23节。耶利米，古代犹大国先知、祭司，他是古籍圣经中记载的犹大国灭国前最黑暗时期的一位先知，被称作"流泪的先知"。——编者注

点出发去审视个体的一生，我们有时候会看到一些极其怪异的现象，即事物在明显的物理偶然性和道德上形而上的必然性之间的对立。然而，后者永远无法得到确证，只能被想象。我们可以通过一个众所周知的例子来更清楚地了解这一点，同时，由于这个例子的惊人性质，它又非常适合作为此类情形的典型代表。我们不妨看看席勒[1]的《跟随铁锤前行》一剧。在剧中，我们看到费利多林由于参加弥撒而迟到，这一迟到一方面是偶然所致，另一方面，对他而言，这一迟到又是极其重要且必然发生的。如果仔细回想的话，我们也许能在自己的人生中发现类似的情形，虽然这些情形没有那么重要，也没有那么突出和明显，但会驱使许多人做出这样的假设：某种神秘的不可解释的力量，引导着我们生活中的所有转折和变化，虽然这与我们当时的意图和打算相违背，但是与我们生活的客观整体性和主观适宜性却是相符的，从而促进了我们真正的、基本的福祉。因此，时过境迁之后，我们往往会认识到，当时怀有的那

---

[1] 席勒，此处指弗里德里希·席勒（1759—1805年），德国18世纪著名诗人、哲学家、历史学家、剧作家，德国启蒙文学的代表人物之一。——编者注

些反方向的欲望是多么愚蠢。"命运引领顺从者，但拖曳不情愿的人。"（《塞内卡书信集》）这一力量，必须用一根无形的丝线贯穿所有事物，将那些不曾被因果链联结起来的事物，以这种方式在必要的时刻联结在一起。因此，这种力量完全主宰着现实生活中的事件，犹如编剧完全主宰着他的戏剧剧本。首要和直接干扰事物有规律地进行因果运行的偶然和错误，不过是这种力量的无形之手，其所运用的手段而已。

来源于深层根源的必然性与偶然性的统一，产生了一种深不可测的力量——这是一个大胆的假设，而最有力地促使我们做出这一大胆假设的，是我们的考虑，我们考虑到每个人在身体、道德、智力方面有明确而独特的个人特征，这些个人特征对个人来说就是全部，因此这种力量必然源自于最高形态的形而上的必然性。另一方面，这是父亲的道德品质与母亲的智力水平以及二者结合的必然结果，而双亲的结合，通常来说，显然是由偶然环境所致。因此，必然性和偶然性最终的统一要求，或形而上的道德要求，将不可避免地被强加在我们身上。然而，要对二者的核心根源有一个清晰的概念，我认为是不可能的，只能说，这就是古人所说的命运，是他们所理解的"每一个人都有一位守护神"，也是基督徒所崇拜的无所不能的上帝。当然，这三者的区别在于命运被认为是盲目的，其余二者则不是，但这种将命运拟人化的区别，和事物更深层次的形而上学的本质相比，是立不住脚且毫无意义的。单从这一点，我们就必须寻找偶然性与必然性之间，那令人难以解释的结合的根源，这种结合表现为操纵人类所有事务的神秘力量。

每一个人都有一位守护神或守护天使，并且这位守护神掌管着这个人的一生。这一观点，据说源自古意大利西北部的伊特拉斯坎人[1]，这种观点在古代流传甚广。这种观点的核心内容被包含在米兰特的一首诗里，这首诗由普鲁塔克为我们保存下来，也见之于斯托拜阿斯的《物理学与伦理学文选》：

每个人出生时都被赐予一位守护神，
指引他穿越生命的迷途。

柏拉图在《理想国》的结尾描述了每个灵魂如何在重生之前为自己选择与之相适应的命运："当所有灵魂都选择了自己的人生旅程后，他们会按照抽签次序列队依次走到拉赫西

---

[1] 伊特拉斯坎人，亦被翻译为埃特鲁斯坎人或伊特鲁里亚人，是古代意大利西北部伊特鲁里亚地区的古老民族。——编者注

斯[1]面前。拉赫西斯会派给每个灵魂自己所选择的守护神，守护他度过自己的一生，完成自己的选择。"波菲利[2]给这段话加上了非常值得一读的评论，这段评论被斯托拜阿斯保留在《物理学与伦理学文选》（第2卷第8章第37节）中。但在此之前，柏拉图说过："不是守护神选择了你，而是你选择了守护神，谁第一个抽签，谁就第一个挑选自己的生命之旅，守护神必定相伴而行。"贺拉斯[3]把这种情形优美地表达了出来：

> 这种事只有守护神才知情，
> 他缓和星辰宿命的预言，
> 他是通晓人性的可朽神祇，
> 他的形象变幻莫测，因人而异，
> 时而光明，
> 时而阴沉。
>
> ——《书信集》第187首

---

[1] 拉赫西斯，古希腊神话中主宰人类寿命的女神。——编者注
[2] 波菲利，古罗马唯心主义哲学家，新柏拉图主义者，有《与阿奈玻论魔鬼书》《毕达哥拉斯传》《亚里士多德导论》等著作。——编者注
[3] 贺拉斯（公元前65—公元前8年），古罗马著名诗人、批评家、翻译家，代表作有《诗艺》《歌集》《世纪之歌》等。——编者注

阿普列乌斯[1]有一篇关于守护神的文章，值得一读，参见其著作《论苏格拉底的守护神》，扬布利科斯在《论神秘的埃及》一书中也就这个问题有过简短而重要的论述。但更值得我们注意的是，波洛克奴斯对柏拉图的《阿基比阿德》的评论："引领我们一生，了解我们在出生之前就做出的选择，派发命运的恩赐与随命运而生的神祇，也分配神谕的阳光——他就是守护神。"帕拉塞尔苏斯[2]也曾极为深刻地表达过同样的思想，他说："非要正确理解命运的话，那就是每一个人都有一个精灵，它栖居于肉身之外，散落在群星之间。精灵使用主人的浮雕图案（bossen[3]），向主人预言，而这些精灵就叫做命运。"（帕拉塞尔苏斯，《斯特拉斯堡》）值得注意的是，普鲁塔克也持有同样的见解，因为他说，灵魂除了浸没在人的俗

---

[1] 阿普列乌斯（约124—170年），古罗马作家、哲学家，曾在雅典攻读柏拉图哲学和修辞学。——编者注

[2] 帕拉塞尔苏斯，（约1493—1541年），瑞士内科医生，炼金术士，世俗神学家和德国文艺复兴时期的哲学家，被誉为"毒理学之父"。

[3] 意为样式、浮雕等，源于意大利语"bozza""abbozzare""abbozzo"，由此衍生出"bossieren"和法语"bosse"。

——原注

世肉身里的一部分外，更为纯净的一部分如星星一般悬于人的头顶，恰当地说这一部分应该被称为守护神，它引领着人的一生，而一个人越是审慎，就越愿意追随守护神的指引。这一段实在是太长了，不宜在此抄录引用，它见于《苏格拉底的守护神》一书。关键句如下："在肉身的暗流中潜行的是灵魂，永不消亡的部分叫做精灵，人们大多认为精灵栖居在肉身之中。然而，持正确见解的人却认为它存在于肉身之外，并将其称为守护神。"附带提一句，基督教对命运主宰的描述，大家再熟悉不过了，在此我就不作赘述。然而，所有的这些不过是我们对所思考的问题的比喻、寓意式的理解，因为通常来说，除非通过比喻的方式，否则我们无法理解最深刻、最隐蔽的真理。

事实上，那神秘的，甚至可以引导控制外在影响的力量，归根结底也只能植根于我们的神秘内在，因为一切的存在自始至终都确实存在于我们自身。即便是在最幸运的情形下，我们也只能通过类比和比喻的方式得到个中可能性的遥远的一瞥。

与那种神秘力量的影响最为近似的是大自然的目的论，因为这种目的论让我们看到：一些与目的相适应的事情，在人们对目的毫无认识的情况下发生，特别是当外在的适宜性出现时，即可在不同的乃至异种的生物之间，甚至也在无机自然之间发生。最惊人的例子是大量的浮木被海水运送到没有树木的极地。另一个例子是地球上大部分陆地都朝着北极沉积，由于天文学上的原因，北极的冬季比南极的短八天，因此北极更为暖和。然而，内在的适宜性是不可否认的，在完整而排外的有机体中表现出来的内在与目标的吻合之处，在大自然的技巧与纯粹的机械论之间，或在终极原因与作用原因之间，为促成某一目的而互相结合得天衣无缝，这种令人诧异的和谐，让我们通过类比看到，两个从实际相距甚远的点出发的，并显然对自身也不了解的事物，如何通力合作并最终准确无误地到达相同的目的地，这不是由认知引导的，而是由一种高于所有认知可能性的、更高层次的必然性引导的。此外，如果我们回顾由康德以及后来的拉普拉斯[1]提出的关于行星体系起源的推论（其可能性应该是确定无疑的），并对我在我的主要著作中所作的考察进行思考，由此反思，那些盲目的自然力量是如何遵循

---

[1] 拉普拉斯（1749—1827年），法国数学家、天文学家和物理学家，天体力学的主要奠基人和分析概率论的创始人。代表作有《天体力学》《宇宙系统论》。——编者注

着不可改变的法则展开活动，从而形成了这一井然有序的、令人惊叹的行星世界的，那么，在这里我们就有了一个类似的例子，可以为我们远距离地、大致地展示出这样一种可能性：人的一生中所经历的种种，或盲目、或反复无常，都被系统地以最符合人的真正和最终利益的方式引领着。在这个假设上，上帝决定了我们的命运信条，作为彻底的拟人化说法，虽然不能将此当做直接的本来意义上的真实，但可能是对真理间接的、寓言式的和神话式的表达，因此，像所有为现实意义服务的宗教神话一样，其在给予主观慰藉方面已完全足够了。在这个意义上，这一信条跟诸如康德的道德神学是一样的，我们只能将其理解为是一种寻找方位的图引，因而它只能作为一种寓言化的理论。总而言之，这样的信条也许实际上并不真实，但也接近真实了。深邃、盲目、原始的自然力量相互作用形成了行星系统，在随后出现的最完美的世界现象中，生存意欲已然是内在的操作和指导原则。在这些力量中间，生存意欲已经通过严格的自然法则，朝着自己的目标努力，并为世界的构成和秩序奠定了基础。例如，最偶然的一次推动或震动，永远决定了黄赤交角和地球的自转速度，而最终的结果必然是生存意欲的全部本质体现，因为这种本质已经活跃在那些原始的自然力量之中。同理，决定一个人行为的所有事件以及引发这些事件的因果关联，只是同一意欲在他身上的客体化体现。由此可见，这些事件必须与个体的特定目标协调一致，尽管这相当令人费解。从这个意义上来说，这些事件构成了一种神秘的力量，引领着个体的命运，并被寓言化为个体的守护神或者他的上帝。但若纯粹客观地考虑，正是且永远都是那包罗万象的普遍的因果关联（由于这些因果关联，一切事物的发生都有着严格的和绝对的必然性），取代了仅仅存在于神话中的世界主宰，并成为了实至名归的世界主宰。

接下来的泛论，将有助于我们更清楚地了解上述所言。"偶然"是指没有因果关联的事物在时间上交会。但没有绝对的偶然，最偶然的事情，也不过是从更遥远的途径来到我们面前的必然。因为处于因果链上端的某些确切的因由，早已必然地决定了某件事恰好在此刻发生，因此也必然会与另外的事情同时发生。所以，每一个事件都是沿着时间轴行进的因果链中的特定的一环。但在空间中，存在着无数条这样并列的链条，它们彼此之间并非全然陌生，也并非没有任何关联，相反，它们以多种方式交织在一起。比如，同时发挥作用，各自会导致不同结果的多个因由，源自一个更高的共同因由，它们之间彼此联系，如同曾孙与祖父。另一方面，现在出现的某种特殊结果，往往需要多个不同的因由交会，这些因由都来自过去，都是各自链条中的一环。因此，所有沿着时间轴行进的因果链，构成了一个共同的、紧密交织的巨网，这一巨网同样全幅沿着时间的方向前行，最终构成了世界的进程。如果我们把时间轴上的单个因果链用经线表示，同时发生的没有直接因果关系的事物，则可以在任意地方用纬线表示。虽然处于同一纬线的事物彼此独立互不依赖，但是由于整个网络交织相连，或由于所有沿着时间轴滚动的因果具有总体性，所以它们之间还是间接地存在着某种联系（尽管这种联系非常遥远），它们目前的共存状态是一种必然，基于此，从更高意义上来说，一件必然要发生的事件的所有发生条件会巧合地走到一起，这就是命运的安排。譬如，随着日耳曼部落[1]的迁移，野蛮的洪流逐渐在欧洲泛滥，希腊雕塑中最为精美的作品，以及《拉奥孔》[2]、梵

---

[1] 罗马帝国时期，日耳曼人和凯尔特人、斯拉夫人一起被罗马人并称为三大蛮族。——编者注
[2] 《拉奥孔》，又名《拉奥孔和他的儿子们》，取材于希腊神话中特洛伊之战的故事，是一组大理石群雕，现存于梵蒂冈美术馆。——编者注

蒂冈的《阿波罗神像》等，突然消失了，它们进入地下，在泥土中安然无恙地等待千年，期待着一个更加温和、高贵的时代到来，那个时代懂得理解并欣赏艺术。15世纪末，在教皇尤利乌斯二世[1]的领导下，这样的时代终于来临，这些作品作为被保存完好的艺术典范，和其他表现人体形态的真实类型的杰作一起得以出土，重见天日。同样，基于这个原因，在个体的生命历程中，起决定作用的重要场景和境遇总是在正确的时刻到来。最后，甚至连预兆的出现也是如此，而人们对预兆的相信是如此普遍和根深蒂固，以至于在最卓越的思想者的内心，也常常给预兆留有一席之地。没有什么是绝对偶然，相反，一切事情的发生都是必然，甚至那些没有因果联系的在同一时间发生的事情，也是必然，我们所说的偶然亦是必然，因为此刻同时发生的事，就其本身而言，早已被遥远过去的因由决定。因此，一切皆有映照，一切皆有回响，希波克拉底[2]的名言适应于有机体内部的协调运作，同时也适应于所有事物："那只是

---

[1] 尤利乌斯二世，在位10年，是第218位教皇。——编者注
[2] 希波克拉底（公元前460—公元前370年），古希腊伯克利时代的医师，被西方尊为"医学之父"。——编者注

一次流动，一次吹拂，但一切都息息相关。"（科因，《论营养》第2卷第20页）人们对预兆的重视难以根除，他们"根据动物的内脏预测，根据鸟儿的飞行占卜"，他们打开圣经、他们拿出塔罗牌、他们掷铅、他们查看咖啡渣，类似的举动也证明了他们所坚持的假设（违背理性的阐释）：通过观察此刻眼前清晰可见的事物，也许可以知晓因被空间或时间隐藏，而变得遥远的事情或未来将会发生的事情，如此，只要掌握了真正的密钥，就能通过现在读取远方或者未来。

第二个类似的例子，可以从一个全然不同的角度帮助我们间接理解超验宿命论，即梦境。我们的生活与梦有许多相似之处，人们对此早有认知，也经常表达这种相似，甚至康德的超验唯心主义，也可以被理解为是对意识到的生存如梦似幻的性质最为清楚的表达，这一点我在《康德哲学批判》中就已经指出。正是这种与梦境的类似使我们能够观察到，神秘的力量是怎样统治和支配那些能够影响我们的外部事件，以实现它们对我们的企图（虽然这种观察如隔岸观火一般模糊）。而这种神秘的力量，就根植于我们那不可探测的本质深处。因此，即使是在梦里，纯粹偶然的机会会把一些情境巧合地结合在一起，成为我们行为的动因，而这些情境是外在的，是独立于我们之外的，通常令我们感到憎恶。但它们之间有一种神秘而恰当的关联，因为梦中的所有事件都服从于某种隐藏的力量，这种力量控制和安排着我们的梦境，甚至控制和安排着与我们有关的任何方面。但最奇怪的是，这种力量归根结底不是别的，恰恰是我们自己的意欲，只不过其并不是我们做梦时的意识。因此，梦里发生的事情常常与我们的愿望相悖，这使我们感到惊讶、烦恼，甚至极度恐惧，而在暗中操纵的命运却未能给我们以救赎。同样，在梦中我们热切地询问某件事情，并得到一个令我们大吃一惊的答案，又或者在考试中，我们被提问，而他人却给出了我们无从解答的完美的答案，这令我们羞愧难当。但在这两种情况下，对问题的回答始终只能源于自己的能力。为了更加清楚地说明这种源于我们自身的对梦中事件的神秘指引，也为了更好地理解其运作，我这里还有一种可以单独解释这一问题的阐述，但是这种阐述不可避免地带有淫秽性质，所以我假定我可敬的读者既不会介意，也不会将其当作笑话。众所周知，有一些梦境是大自然为了某种物质上的目的，比如，释放满溢的精液，在这种梦里，当然会出现淫猥的情景，但这样的情景也会出现在完全没有这种目的或未达成这一目的的其他梦境中。这两种梦境还是有区别的：在第一种梦中，性感的女人与时机很快会促成我们的好事，大自然亦就此达到了目的；但是在第二种梦中，在通往我们热切渴望的事物的路途上，阻碍重重，我们一直在尝试克服，到最后，依然徒劳无功。制造出阻碍，并不断挫败我们强烈愿望的，恰恰是我们自己的意欲，这种意欲远远超出了梦境的表象意识，因此它在梦中呈现为不可阻挡的命运。那么，现实生活中的命运，与每个人通过对自己人生的观察后所了解到的系统规划，不就与梦中的情形有着某些相似之处吗？[1] 有时候会出现这种情况，我们拟定好一个计划，并满腔热忱地要付诸行动，但最后却发现这一计划显然并不符合我们真正的利益。当我们热切追求它的时候，我们感受到命运似乎另有图谋，命运开动所有机器以挫败我们的计划，这样，命运最终违背了我们的意欲，把我们强行推回到那条真正适合我

---

[1] 客观来说，个体的人生轨迹具有普遍而严格的必然性，因为他所有的行为都像机器运行一样，是必然的，所有的外部事件都发生在因果链的主线上，而因果链的各个环节都有着严格的必然关联。若我们追随这一观点，那么当我们看见一个人的人生轨迹恰如其分地变成他的生活，仿佛实际规划过一般时，便不会感到如此诧异了。——原注

们的道路上去。鉴于这种看似蓄意的敌对，许多人都会说，"我早就觉得事情不对劲了"，也有人会认为这是不祥之兆，更有人会认为这是上帝的暗示。然而，所有人都会有这样的共识：当命运明显执拗地反对我们的某一计划时，我们应当放弃，因为既然这一计划不适合我们未知的命运，那么它便无法实现，若一味强求，只会招致命运更为猛烈而残酷的打击，直到我们最终回到正确的轨道上来；或者，如果我们孤注一掷地实施了我们的计划，带给我们的只有祸殃与毁灭。上文提及的"命运引领顺从者，但拖曳不情愿的人"，在这里得到了完美的证实。在许多情况下，事后的结果都清楚地表明了无论从哪个方面来说这种计划的挫败，对我们真正的幸福大有裨益，但我们往往对此毫不知情，尤其是当我们将形而上的道德幸福视为真正的幸福时。现在，如果回顾一下我全部哲学的主要成果，即表现和维持世界现象的，是生存和奋斗在每一个个体中的意欲，若我们同时回想起人们公认的生命与梦境的相似之处，那么，综合到目前为止的所有论述，我们大可尽情想象：正如每个人都是自己梦境的秘密导演，那么控制我们真实人生轨迹的命运，归根结底，也类似地以某种方式源自意欲，亦即我们自身的意欲。然而在人生中，这种意欲似乎是以命运的面目呈现的，自一个远远超出个体意欲的层面运行，而我们的个体意欲则只提供动机。因此个体意欲常常与表现为命运的意欲、引领我们的守护神、"栖居于肉身之外，散落在群星之间的精灵"发生异常激烈的冲突，作为命运、守护神以及精灵的意欲从高处审视着个体意欲，并无情地针对个体意欲安排并确定了某种行之有效的、无法被个体意欲所察觉的外部约束。

埃里金纳[1]的一段见解也许有助于缓和这斗胆说出的令人诧异的放肆言论，但必须记住，埃里金纳所说的"神"是没有认知的，亦没有时间、空间以及亚里士多德的十大范畴这些属性，实际上，它只剩下一个称谓，即意欲——很显然，他的"神"不是别的，正是我所说的"生存意欲"："只因一些事情尚未在我们的实际经历过程中得以呈现，就说神不知晓他预先知道的和预先决定的事物，这是对神的另一种无知。"（《论大自然的划分》，牛津版）随后，他又写道："对神的第三种无知是这样的说法：神并不知晓那些只随着行动和执行

---

[1] 埃里金纳（约810—880年），中世纪前期爱尔兰哲学家和神学家，曾是西法兰克国王秃头查理的宫廷教师，深受新柏拉图主义哲学的影响。——编者注

才会呈现效果的事情，尽管神掌握着我们看不见的事情发展的根据——这是由神亲手创造的，并为神所知悉。"

现在，为了更加了解我们所阐述的观点，除了借助已被公认的个体生活与梦境的相似之处以外，我们还须注意二者的差别：在狭义的梦中，这种关系是单方面的。也就是说，只有在感知和意欲中的自我才是真实的，其余皆是幻影；而另一方面，在人生的大梦之中，相互关系出现了，因为不仅你出现在他人的梦里是必然，他人出现在你的梦里也是必然。因此，由于一种真正的"预先设定了的和谐"，每个人都只是按照自己的形而上的指引，做着适合自己的梦，所有的人生大梦如此巧妙地交织在一起，每个人都知道什么于自己有益，同时也知道为他人做什么是有必要的。因此，一些重大的世界事件牵动着千万人的命运，具体到个人遭遇却各有不同。所以，一个人一生中的所有事件都以两种截然不同的方式串联起来，首先是自然进程中的客观因果关联，其次是主观关联，只涉及经历这些事件的个体，跟个体的梦境一样是主观的，但在个体心中，事件的次序与事件的内容同样也是必然，就像戏剧中场景的连续性是由戏剧作者的计划决定一样。两种关联同时存在，而同一事件，作为两根不同链条中各自的一环，却同时嵌入这两根链条之中，因此，一个人的命运与另一个人的命运总是相通的，每个人都是自己戏中的英雄，却同时也在别人的戏中扮演角色。当然这一切都超出了我们的理解，只有借助最神奇的"预先设定了的和谐"，我们才能认为这一切是可能的事情。另一方面，认为所有人生命中的相互交往不可能和谐、融洽——如作曲家赋予其貌似有诸多明显的狂暴与混乱的交响乐以和谐、融洽——这难道不是胸襟狭隘、缺乏勇气的表现吗？记住，如果人生大梦的主题在某种意义上只有一件事，即生存意欲，且当所有的多元现象都受时间与空间制约时，那么，对宏大思想的厌恶便会减少。这是由全体人一起做的伟大的梦，而且所有人都一起参与进来。因此，万物互相侵染，彼此适应。一旦我们同意了这一点，接受了所有事件具有双重链条的属性——正是因为这双重链条，一方面，每一个人都为自己而存在，依据自己的本性必然地行事与作为，走自己的路；但另一方面，就像梦中的图像一般，他完全下定决心，去适应感知另一个人的存在并被其影响——那么，我们就必须把这一理论推广至整个自然界，当然也包括没有认知力的动物和其他生物。这再一次让我们看到了预兆、预言和奇迹昭示的可能性，因为于我而言，在自然进程中必然发生的事，又可以在另一方面再一次被视为仅仅是一种影像或图像、是我人生之梦的素材，其发生与存在仅仅与我有关，甚至只是我行为与经验的映照与回响。因此，某一事件中自然的，和可以由因果关系证明的必然性，并不能以任何方式消除其预兆性，同样，预兆性亦不能消除前者。因此，那些以为证明事情的发生具有必然性就能排除事件的预兆性因素的人，是绝对错误的，因为他们采用的方法就是清楚地表明了这一事情发生的自然和必然的作用，并且，如果它是一个发生在自然界的事件，他们就以物理学的方法表明其发生的原因，并显示出一副很有学问的样子。任何一个理性的人都不会怀疑这些，更不会有人将预兆当作奇迹，而恰恰是由于向着无穷尽延伸的因果链，以其特有的严格的必然性和永恒的预先确定性，不可避免地确定了这一事件会在这一重大时刻发生，所以这件事的发生才会有预兆。那些自诩博学的人，当他们转向用物理学的思维看待问题时，尤其应该记住莎士比亚的话："天地间的事物比你们的哲学所能想象到的要多得多。"（《哈姆雷特》第1幕第5场）随着对预兆的信仰，我们看到了占星术的大门被重新打开，即使是最微不足道的被视为预兆的事件，如一只鸟儿的飞翔，与某个人的相逢等，也是以无限长的，具有严格必然性的因果链作为条件，就像在任何既定的时间内,恒星的位置都可被计算一样。当然了,群星高悬于天际,地球上的半数人都能同时看见,而预兆只出现在与之相关的个人领域中。此外,如果我们希望形象地描绘预兆的可能性,那么可以将人比作一根琴弦:他看到了或好或坏的预兆,并因此对人生历程上重要的一步提高了警觉,或者增强了信心,但其结果仍然隐藏在未来的人生中,这就像琴弦被拨动时,它无法听见自己发出的声音,却能听见由自身振动所引发的,另一根琴弦共振而发出的声音。

康德对自在物[1]与其现象的区分,连同我把自在物与意欲联系起来,把现象与表象联系起来,使我们得以看到三种对立的统一性——虽然只是从遥远的距离去认识,但这种认识并不完美。这三种对立是:

1. 自在意欲的自由与个体所有行为所遵循的普遍必然性之间的对立。

2. 大自然的机械论与技巧之间,或者自然的作用原因与目的原因之间,又或者自然产物的纯粹因果性和目的论的可解

---

[1] 康德提出的一个哲学基本概念,又译为"物自身""物自体",指认识之外的但又绝不可认识的存在之物。——编者注

释性之间的对立。（与此有关的问题参见康德的《判断力批判》第78节，以及我的《作为意志和表象的世界》第2卷第26章）

3. 个体生命进程中所有事件的明显偶然性与道德必然性之间的对立——这些事件的具体形成符合个人的超验目的。通俗来说，就是自然进程与神意进程之间的对立。

尽管我们对这三种对立的统一性认识都不完美，但对第一种的认识比对第二种的认识更为充分，而对第三种的认识则最不充分。与此同时，我们对哪一种对立的统一性认识，都有欠完美，但这种认识作为另外两种对立的象征与比喻，能增进我们对另外两种对立的理解。

至于我们一直在苦苦思索的关于个体在人生进程中受到的神秘指引，究竟意味着什么，我们只能给出一个相当笼统的阐述。若我们停留在独立个案中，这种指引往往看起来只是着眼于当下稍纵即逝的幸福。但考虑到幸福是那么微不足道、极不完美和稍纵即逝，所以这绝不是神秘指引的终极目的。因此，我们不得不从超越个体生命的永恒存在中寻找终极目的。这样，我们只能泛泛而论，我们的生命历程通过这种神秘指引而获得如此安排，以至于我们用所积累的全部知识来看，意欲作为人的核心和自在本质，其在形而上层面的最符合目的的效果已经形成。尽管生存意欲在世界的进程中通常是作为奋斗的现象得到回应，然而每一个人都有其独特而唯一的生存意欲，可以说，每一个人都是生存意欲的某一个体化行为，因此，其足够的回应也只能是构成世界进程的某一确定的部分，并表现为这个人所特有的事件和经历。现在，我们已经从我哲学中的严肃部分（仅此区分教授们的哲学和滑稽哲学）得出的结论认识到，意欲对生命的背弃就是短暂存在的终极目标。我们必须假设，每一个人都以一种非常适合自身的方式被引领至这一目的，因此通常需要经过漫长而迂回的道路。再者，因为快乐和幸福有碍于这一目的的实现，所以我们看到，为达到这一目的，不幸与痛苦不可避免地交织在每个人的生命历程之中，尽管程度各不相同，但鲜有过度，即甚少发展成悲剧结局。如果真到了悲剧结局，意欲似乎在某种程度上强制背弃生命，好比通过剖腹得到新生。

因此，那看不见的指引，以一种无法确定的形式呈现，伴随着我们走向死亡，走向那真正的结局，走向某种程度上的生命的目的地。在弥留之际，所有决定个人永恒命运的神秘力量（虽然它其实根植于我们自身），聚集在一起，共同发挥作用。它们发生冲突的最终结果就是此人即将踏上的路途；他的重生，连同所有的痛苦喜乐，从这一刻起，都无可挽回地确定下来了。正因如此，死亡时刻才具有极其重要、庄严、肃穆且可怕的特性。这也是人世间感受最为强烈的决定性时刻——末日审判。

论生存的痛苦与虚无[1]

如果苦难不是生活的首要和直接目的，那么存在便是世上最不明智与不合时宜的事情。因为，如果认为世上无处不在的、由生活本质的匮乏与不幸带来的痛苦，是纯属偶然且无意义的，那么这一看法便是荒谬的。我们对痛苦的感知可谓是无限的，而对欢乐的感知却相当有限。诚然，每一个个别的不幸似乎都是例外，但不幸却有普遍定律。

正如小溪流淌，若无阻碍便不会激起漩涡，人的本性与动物的本性亦然，因顺应我们的意欲而发生的事情，不会引起我们的注意和察觉。如果我们注意到了什么，那一定是因为事情遇到了某种障碍，才没有顺应我们的意欲。换言之，所有阻碍、扰乱、违背我们意欲的事情，以及所有的不快和痛楚，我们都能立刻、直接和异常清楚地感受到。正如我们不会感受到全身健康，却能感受到鞋子打脚的那一小块不适一样，同样，我们不会关注进展顺利的事情，而只会关注一些令人心烦的细

---

[1] 原标题为《关于世间苦难教义之补充说明》。——译者注

枝末节。这就是我曾反复强调过的,与幸福和快乐的否定本质相对应的是痛苦的肯定本质。

因此,我所知道的最荒谬的事,莫过于大多数形而上学认为恶的本质是否定的[1],然而它恰恰是肯定的、可被感知的。相反,好的事物,即所有的快乐和满足,却是否定的,它们不过是欲望的消退与痛苦的终止而已。

与此一致的是:一般来说,我们都会发现快乐远低于预期,而痛苦则远超预期。

要是谁想粗略验证这样的论断,即世上的快乐多过于痛苦,或二者至少持平,他不妨去对比一只动物吞吃另一只动物时,两只动物的感受。

对苦难与不幸最好的慰藉,就是去看一看比我们更为不幸的人,此事凡人皆可为。但若所有的人类都处于不幸之中,结果又会怎样?

我们如同田野间嬉戏的羔羊,被屠夫注视着,他选好了向我们开刀的顺序。在明媚的日子里,我们不知道此时命运已

---

[1] 莱布尼茨对此坚信不疑,并试图用一种昭然若揭的可怜的诡辩力证这一点。(见《论神的善良和仁慈》)——原注

为我们备下怎样的灾难：疾病、迫害、贫困、伤残、失明、疯狂、死亡，等等。

历史向我们展示了各个民族的生活，除了战争和暴乱，再无其他。和平年代间或出现，却只如短暂停顿或幕间休息一般。个体生活也同样是一场无休止的斗争，不只是比喻意义上的与匮乏和无聊的斗争，更是与他人实实在在的斗争。我们的对手无处不在，我们生于无尽的冲突之中，至死仍握着武器。

存在的痛苦之源在于：时间总是压迫我们，让我们不得片刻喘息，它如同一名手持长鞭的包工头，在我们身后步步紧逼。只有那些献身于"无聊"的人，才能逃过时间的压迫和摧残。

然而，如果卸掉大气的压强，我们的身体就会爆裂，同样，倘若人类的生活没了匮乏、困难、失望和挫败，人类的傲慢就会膨胀，虽不至爆炸，但也会表现出肆无忌惮的愚蠢甚至疯狂。人在任何时候，内心都需要一定的忧愁、顾虑、痛苦和麻烦，就像船只航行需要压舱物才能沿着直线平稳前行。

工作、忧虑、劳累以及烦恼，无疑是贯穿人类一生的绝大部分事项。倘若所有的欲望一出现便得到满足，那么人类将怎样打发时光，又将怎样度过这一生？假如人类移居到乌托邦，那里的一切都自动生长，头顶飞舞着烤熟的鸽子，每个人

存在的痛苦之源在于：时间总是压迫我们，让我们不得片刻喘息，它如同一名手持长鞭的包工头，在我们身后步步紧逼。

都能轻易遇见爱情，并且不费吹灰之力就能拥有爱情，那么人们就会无聊而死，或悬梁自尽，或互殴乃至互相谋杀，从而使自身遭受的痛苦远甚于自然现在加之于他们身上的痛苦。因此，对这样的种族而言，再也没有其他适合的活动场景，也没有其他适合的存在了。

正如上文所写的，由于幸福与快乐具有否定本质，而痛苦具有肯定本质，因此衡量生命是否幸福，不是根据欢愉和享乐，而是根据悲伤与痛苦的缺失程度。但这样的话，大多数动物的命运似乎就比人类的命运更能被忍受了，因此我们将更加仔细地思考，人与动物这两种不同的情形。

无论幸福和不幸以何种形式出现，都促使人们去追求前者逃避后者，其物质基础仍是肉体的快乐和痛苦。这一物质基础十分有限，无非是健康、食物、不受湿寒、性满足，或者其他诸如此类事物的满足。因此，人类不比动物拥有更多肉体上的快乐，但人类的神经系统格外发达，每一份欢愉都得到了放大，与此同时，痛苦也相应得到了放大。不过，在人身上激起的情感要比动物强烈得多！人类情绪的波动也比动物要深刻和激烈得多！但所有的这些，最终也不过是为了获得同样的结果而已，即健康、饱暖、等等。

这主要源于一个事实：于人类而言，所有事物的力量都因人类对缺失和未来的思考而得到了增强，焦虑、恐惧和希望由此真正地出现了。但是，焦虑、恐惧和希望带给人类的压力，比起当下现实中的快乐或痛苦要沉重得多，而动物所感受到的只是局限于当下现实中的快乐或痛苦。也就是说，动物没有思考——快乐和痛苦的凝结器，所以，它们无法像人类那样，通过记忆与预见来聚积快乐与痛苦。对动物来说，即使当下的痛苦一直存在，即使这种痛苦的情形反复出现，它也始终如同初次经历一般无法累积，因此，动物的宁静与平和令人羡慕。相比之下，由于人类有了思考以及与之有关的一切，所以那些与动物共有的快乐和痛苦，对于人来说却发展成了更大的幸福与不幸，而这些可能会演化为瞬间的，甚至是致命的狂喜、绝望或自尽的深渊。细细思考，事情的原委似乎是这样的：起初，人类的需求与动物相比，不过稍微难以实现些罢了，而为了放大快乐的感知，人类有意放纵自己的欲望，于是就有了美酒佳肴、烟草鸦片、排场、奢靡、炫耀以及一切与之相关的事物。此外，由于有了思考，就有了人类独有的快乐与痛苦的源泉，这一源泉给人类带来的苦恼——野心、荣誉感和羞耻感，简而言之，就是人们怎么看待别人对自己的看法——

远甚于其他事物带来的苦恼。获得别人良好看法的形式千奇百怪，但它却几乎成为了一个人全部努力的目标，这种努力已经超越了肉身能感知的痛苦和欢愉。诚然，在真正的智力乐趣方面，人类已经超越了动物，这囊括多个级别，从最简单的琐事闲谈到最高的思想成就。但是，作为平衡痛苦的无聊感在人类身上出现了，而动物对此一无所知，至少在自然状态下的动物是这样，只有被驯化了的最聪明的动物，才会受到无聊的轻微攻击，而对人类来说，无聊感是真正的祸害。我们在一群可怜虫身上可以看到这一点，因为他们从来只关心自己的钱袋而不关心自己的脑袋，而现在，对他们来说，巨额的财富却成了一种惩罚，因为他们已经被无聊玩弄于股掌之中。为了逃避无聊，他们狼奔豕突，四处旅行，每到一处，便如穷人慌慌张张地寻求救助站一般，急不可耐地打听当地的娱乐场所和俱乐部，当然，无聊和匮乏是人类生活的两个极点。最后需要指出的是，在满足性欲方面，人自有其独特的执拗与挑剔，这有时会上升为一种程度不一的激情之爱[1]，在我的主要著作的第2卷

---

[1] 激情之爱，即极致热烈的爱，是一种非正常的心理状态，通常不会持续很长时间。——编者注

中，我曾用很长的篇幅来论述它。如此说来，性欲的满足对人类而言，就变成了漫长痛苦与短暂快乐的根源。

与此同时，值得惊叹的是，凭借着对动物所缺乏的思维的补充，人类在与动物共有的狭义的欢乐和悲伤之上，构建出如此崇高而广阔的幸福与不幸。人类对幸福与不幸的感受暴露在如此激烈的情绪之下，以至于你可以从人类的面颊线条上读出蛛丝马迹，说到底，这些不过是动物也能够得到的东西，但动物只用付出更少的情感，经受更少的苦难就能得到。正因如此，人类的痛苦程度要比快乐程度大得多，而痛苦，还由于人类确切知道了死亡这一事实而大幅增强。但动物只是本能地逃避死亡，并非真正了解死亡，因此也从未像人类一样真正面对过死亡。自然死亡的动物只占少数，大多数动物的存活时间只够它们繁衍后代，甚至更早地，它们就成为了其他动物的猎物。在所有物种中，唯独人类成功地让所谓的自然死亡成为规律（当然也有例外）。尽管如此，基于上述理由，动物仍有其优势。而且，人与动物一样，鲜有寿终正寝者，因为人类的非自然生活方式、人的斗争和情欲，以及由此导致的种族退化，都使人类难享天年。

动物比我们更满足于存在，植物则是全然满足，而人类满足与否取决于意识的迟钝程度。因此，与人类相比，动物的生活包含的痛苦更少，当然，快乐也更少。这首先是因为它没有忧虑和渴望，更没有二者带来的折磨，但另一方面，动物也没有真正的希望，因为它不能通过思想以及与此相伴的种种美妙幻象，对幸福未来产生期待，而那却是我们人类大部分快乐和愉悦的源泉。所以，从这层意义上来说，动物是没有希望的，它的意识在局限于直观感知的同时，也局限于当下。因此，动物只对在直观感知中已经存在的事物，才会产生短暂的恐惧与希望，而人类的意识视野涵盖人的一生，甚至超出了一生。但也正因为这个原因，与人类相比，动物在某个方面似乎真的更为明智，也就是说，它们能平静、不受打扰地享受当下。动物是当下的化身，它所展示出的明显的内心平静，常常令因思想和焦虑而不安和不满的我们感到羞愧。甚至是我们刚才讨论过的期待和希望，它们带给我们的乐趣，也不是无缘无故得到的。也就是说，一个人经由期待和希望而提前享受到的满足，会在之后的实际乐趣中减损，因为事物本身并不能满足他的期待。与此相反的是，动物没有预设的快乐，也没有对快乐的推论，因而能够完整地、不打折扣地享受到当下和真实事物的本身。同理，邪恶只能以真实分量加诸动物，但由于恐惧和预见，邪恶加诸我们的分量往往高达数十倍之甚。

正是动物特有的"完全沉浸于当下"，让我们从驯养宠物中获得了极大的乐趣。它们是当下的化身，在某种程度上，它们让我们感受到每一刻无忧无虑的时光的珍贵，然而我们的思想却常常忽视这些时光或者对其置之不理。但动物比我们更容易满足存粹的存在，这种容易满足却被自私的凉薄人类滥用，使得它们遭受严重的剥削以至于除了苟且偷生以外，别无他法。举个例子，拥有能飞越半个世界的生理机能的鸟儿，被囚禁于一英尺见方的空间，渐渐憔悴哀泣而死，因为"笼中鸟儿心情抑郁，它歌唱不是发自快乐，而是出于愤怒"[1]。而那最聪明的狗，人类最真诚和最忠实的朋友，却被套上了锁链。每当我看见这样的狗，都深感同情，也对它的主人深感愤慨。我想起几年前《泰晤士报》报道的一桩令人称快的案件：某个勋爵用链子把一条大狗拴了起来，有一天，当他穿过院子时，他突然想去拍拍那只狗，结果整条手臂都被那只狗咬得皮开肉绽。

---

[1] 原句l' uccello nella gabbia cantanondipiacre, ma di rabbia。意大利谚语。——编者注

如果从前文所述可以得出这样的结论:认知能力的增强使人类的生活比动物的更为悲惨——那么我们可以将此归纳为一个普遍的法则,从而获得更为广阔的视野。

认知本身并无痛苦。痛苦只与意欲有关,感到痛苦是因为意欲受到了抑制、阻碍和挫败,但这种抑制、阻碍和挫败必须伴随着认知。也就是说,就像光线只有被物体反射才能照亮空间;就像声音只有通过空气的振动波碰撞在坚硬物体上,才能在一定距离内被听见——这就是在孤立的山顶上发出的声音极其微弱,在空旷的地方歌唱,声响效果较差的原因所在。同理,抑制意欲要被感知为痛苦,也必须伴随着认知,但认知本身对于所有痛苦而言,却是陌生的。

生理上的疼痛以神经与大脑的连接作为条件,因此,如果通向大脑的神经被切断,或者大脑因使用哥罗芳[1]而失去功能,那么肢体的损伤就无法被感知。基于同样的原因,我们可以认为,濒死之人的意识一旦消失,身体的抽搐应该也是无

---

[1] 哥罗芳(chloroform),即三氯甲烷,又称氯仿,是一种无色透明的液体,极易挥发,有特殊气味,在医学上曾作为麻醉剂使用。——译者注

痛的。当然，精神上的痛苦以认知为条件，并且会随着认知的提高而增长，这一点是显而易见的，我在上面所述的内容中以及在我的主要著作《作为意志和表象的世界》第1卷第56节中也有论证。因此，我们可以用这样的比喻来形容几者之间的关系：意欲是琴弦，对意欲的阻扰或抑制是琴弦的振动，认知是共鸣板，痛苦则是它发出的声音。

基于同样的道理，无机物和植物不会感受到疼痛，无论意欲在此二者之间受到何种程度的抑制。相比之下，每一种动物，即便只是一只纤毛虫[1]，也能感受到疼痛，因为认知是动物存在的根本特征，尽管这种认知并不完美。随着动物认知能力的提高，它对疼痛的敏感性也会相应提高。因此，最低等生物的痛苦最为轻微，比如，当昆虫的后半部分几乎全被撕下，仅存一根肠子粘连时，仍能继续进食。但是，即使是最高等的动物，由于缺乏概念与思想，它们所能感受的痛苦也不能与人类相比。人类也只有借助理性和反思，有了否定意欲的可能性以后，对痛苦的敏感性才能达到最高。这是因为，如果我们

---

[1] 纤毛虫（infusorian）是一种具有纤毛的单细胞生物。单细胞生物在整个生物界属最低等最原始的生物。——编者注

缺少否定意欲的可能性，那么对痛苦的敏感就是无目的的残忍折磨。

年少时，我们面对即将开启的人生，就如同孩童坐在戏院里等待大幕拉开，欢欣雀跃地期待着即将上演的好戏。我们不知道未来将会发生什么，这是一种福气，因为对已知晓一切的人而言，这些孩童犹如无辜的少年犯，未被判以死，而是被判以生，而他们还尚未明白判决的意义。然而，每个人都想活至高龄，亦即抵达这样的生活状态：今天很糟糕，往后每天都会变得更糟糕，直到最糟糕的事情发生。

如果我们尽可能地想象太阳在运转时所照耀之处的各种困厄、痛苦与苦难，我们就会承认：如果太阳不曾在地球上创造生命，就像在月球上那样，如果地球表面如月球表面一般，仍处于晶体状态，那么情形就会更好。

我们也可以把我们的生命视为虚无的极乐安宁中的一段烦扰无益的插曲。甚至是那些生活得相当优渥的人，活得越久，越能清楚地认识到：生活总体来说是令人失望的，不，应该是生命总体上就是一种欺骗，或者说，生命具有故弄玄虚，甚至有某种骗局的特质。当两个儿时好友阔别多年后再度相逢，他们相见时脑海中浮现得最多的感觉，一定是一种对整个

历经两三代生活的人，都会感觉自己仿佛是一位观众：在集市中，观看各路杂耍演员的表演，如果他一直坐在那儿，还能看见他们重复表演两三回。由于这些戏法本就只为一场表演而备，当新奇感与幻想消失后，就再也不能在他心里激起任何波澜。

人生的彻底失望，因为看到对方便唤起了对旧时光的回忆。在过往的岁月中，在青春瑰丽的朝霞下，生命于他们而言是如此美好，生命许诺给他们的太多，而兑现的又太少。所以，当他们相遇时，失望绝对是最主要的感觉，他们对此无需多言，然而彼此都对这样的感觉心照不宣，他们怀着这样的感受叙旧、畅谈。

历经两三代生活的人，都会感觉自己仿佛是一位观众：在集市中，观看各路杂耍演员的表演，如果他一直坐在那儿，还能看见他们重复表演两三回。由于这些戏法本就只为一场表演而备，当新奇感与幻想消失后，就再也不能在他心里激起任何波澜。

如果我们凝望宇宙过度浩繁的布置，我们应该会被逼疯：在无限空间里有不计其数的燃烧着的恒星，除了照亮世界以外别无他用，而那些被照亮的行星就是悲惨和荒凉的舞台，身处这样的星球，即便在最幸运的情形下，也只会带来无聊——至少从熟悉的物种中，我们可以得出这样的结论。

没有人值得被特别羡慕，而无比令人同情的人却数不胜数。

人生是一项必须完成的任务，从这个意义上来说，所谓的"安息",是一种恰当的表达。

试想一下,如果性行为既非必要也不伴随着强烈的快感,而是一种纯粹理性思考后的行为,那么人类真的还能延续吗?难道人们不会因为对下一代感到同情而宁愿免除他们生存的负担?或者至少不愿意冷血地将这样一种负担强加给下一代?

这个世界是一个炼狱,人类身处其中,灵魂备受折磨,同时自己也是这个炼狱中的恶魔。

我想,人们又会说我的哲学阴暗,令人不适了,而我不过是道出了真相而已。人们往往想听到的是,上帝所创造的一切都是美好无瑕之类的套话。到你的教堂去吧,让哲学家静一静!无论如何,你不能要求哲学家按照你的思维模式来阉割他们的学说!只有无赖和冒牌哲学家才会迎合你,你大可以从这些家伙那里订购任何你爱听的观点[1]。

---

[1] 让哲学教授们对传统乐观主义感到局促不安,这既容易也不容易。——原注

梵天[1]用一种原罪创造了世界，但他却留在世间为此赎罪，直到获得救赎。这种对万物起源的解释，多么美妙！在佛教中，世界的形成是因为涅槃的清明状态——由祝福和赎罪而获得——经过漫长的平静期后，遭到了难以解释的破坏，也就是说，经历了某种要从道德意义上理解的厄运，尽管这种情形在物理上也有着精确的类比和对应的图像：史前星云带难以解释地出现，太阳也由此形成了。因此，由于道德的沦丧，世界变得越来越糟，直到达到现在的可悲状态。绝妙至极！对希腊人来说，世界与神是一种深不可测的必然性结果，这种解释还算合理，因为这种解释目前还能让我们信服。奥尔穆兹德与阿里曼[2]斗争，也不是不可能的。然而，上帝耶和华只是因为愿意和高兴而创造出这个悲惨苦难的世界，然后得意地看着自己

---

[1] 梵天（Brahma），印度教中的创造之神，与毗湿奴、湿婆并称三主神。——编者注

[2] 奥尔穆兹德与阿里曼分别是古代波斯帝国琐罗亚斯德教的善神与恶神。按照古波斯人的观念，宇宙分为两个王国，一个是光明、行善的王国，由奥尔穆兹德统治；一个是黑暗、邪恶的王国，由阿里曼统治。这两个王国，以及统治他们的神彼此经常斗争。对奥尔穆兹德与阿里曼的崇拜先传入希腊，后在帝国时代传入罗马。——译者注

的作品，"神看着一切所造的都甚好"，那么这样的见解就令人无法忍受了。就算莱布尼茨[1]的论证是正确的，在众多可能的世界中，这一世界始终是最好的，那也不应当存在这种为神辩护的作品——《论神的善良和仁慈》。因为造物主不仅创造了世界，也创造了可能性本身，所以，他本来应安排好一切，以尽可能地创造一个更好的世界。

但一般来说，这种视世界为全知全仁并且全能的神所创造的，一个完美作品的观点，一方面与这一世界充斥着悲惨与不幸的事实相矛盾，另一方面则与这一世界的最"完美"现象，即人类行为现象的明显缺陷，甚至滑稽的扭曲之处完全不协调，而且这种不协调永远无法解决。从另一个角度来讲，如果我们将世界视为罪孽的产物，或者视为某种最好不曾存在过的事物，那么这些实例将与我们的论点吻合，并成为我们的论据。在第一种观点中，人类的存在成为对造物主痛苦控诉并讽刺的材料，而在第二种观点中，人类的存在则表现为对本

---

[1] 莱布尼茨（1646—1716年），德国哲学家、数学家，在哲学上他的乐观主义最为著名，他认为：我们的宇宙，从某种意义上来说是上帝创造的最好的那个。——编者注

性和意欲的谴责，这更让我们变得谦逊，因为这种观点使我们得出这样的见解：我们是放荡父亲生下的孽种，带着原罪来到世上，正因为我们必须不断为此赎罪，所以我们的存在才会如此悲惨，最终以死亡收场。再也没有什么比这更为确凿无疑的了：大致而言，就是世间的大恶造就了世间的大难——在此，我指的不是物理和经验方面的联系，而是形而上的联系。根据这种观点，只有《人类的堕落》这个故事，才能让我认同《旧约》。事实上，在我看来，这个故事是书中唯一出现的形而上的真理，尽管它披着寓言的外衣。在我们的生活中，没有什么比一步行差踏错和罪恶的肉欲，更能招致同样的后果了。

想要始终手握一个可靠的指南针以随时指引生活的方向，始终正确地理解生活而不误入歧途的话，最合适的方法莫过于让自己习惯把世界当成一个苦修之地、一个流放之地，就像最古老的哲学家对世界的称谓——"监狱"（根据亚历山大的克雷芒，《杂文集》）。基督教神父奥利金[1]以令人惊叹的勇

---

[1] 奥利金（约185—254年），古代基督教希腊教会神学家，是古代东方教会最著名的教父，亚历山大学派的主要代表。——编者注

气表达了同样的见解（参见奥古斯丁，《上帝之城》）。这种世界观的理论和客观依据不仅存在于我的哲学中，也见之于各个时代的人类智慧中，如婆罗门教、佛教[1]、恩培多克勒[2]、毕达哥拉斯[3]的哲学等。西塞罗[4]在《哲学碎片》（比彭蒂尼版，第12卷第316页）中也提到，这一世界观由古老的圣人在举行神秘宗教仪式时传授：因前世之过错，今生服刑以抵罪。烧毁瓦尼尼[5]的肉身要比驳倒他的观点容易得多，他曾铿锵

---

[1] 没有什么比佛教中的这类暗示更有利于人们在生活中保持忍耐，平静地容忍人与魔鬼："这就是轮回，一个充满欲求与渴望的世界，也是一个生、老、病、死的世界，一个本不该存在的世界。此处即轮回，你能期待什么更好的事情发生？"我想要每个人每天把这段话重复四遍，充分领会其中的意味。——原注

[2] 恩培多克勒，古希腊哲学家。他在很大程度上受到毕达哥拉斯教派的影响，这体现在他教义中强烈的神秘主义。——编者注

[3] 毕达哥拉斯（约公元前580—公元前500年），古希腊数学家、哲学家。主要成就：发现了毕达哥拉斯定理（勾股定理），证明了正多面体的个数，建设了许多较有影响力的社团。——编者注

[4] 西塞罗（公元前106—公元前43年），古罗马著名政治家、哲学家、演说家和法学家。——编者注

[5] 瓦尼尼，文艺复兴时期意大利哲学家、泛神论者，因被指控信奉异端和无神论而被处死。——编者注

有力地说道："人类忍受着如此之多和如此之巨的痛苦。如果不是因为这样的言论会招致基督教的反感，我甚至斗胆断言：若世间真有恶魔，它也已化身为人，为自己的罪孽遭受惩罚。"但真正的、被正确理解的基督教，也把我们的存在理解为是罪孽和过失的结果。如果我们接受了这种观点，就会适应特定事实地对生活的期望进行调整，因此，我们就不再将生活中林林总总的苦恼和麻烦、担忧和痛苦、悲惨和不幸视为反常与意外。相反，我们会视其为秩序之内的事物，我们知道这里的每一个人都因自己的存在而受罚，每个人都用自己的方式领罚[1]。"监狱"的罪恶之一正是我们所面对的"罪犯社会"。我想无需多言，任何一个值得拥有更好社会的人都知道那是什么情况。一个拥有美好灵魂的人与天才，有时会觉得自己在这个世界上像一个高贵的政治犯，与普通罪犯一同被关在苦牢中，因此，他和他们一样，都试图隔离自己。但普遍说来，如果用上述方式看待事物的话，那么我们在对待所谓的缺陷时，

---

[1] 判断一个人的正确标准是，记住他其实是一个根本不应该存在的存在，通过诸多不同形式的痛苦甚至是死亡，为自己的存在赎罪。我们能从这样的存在中期待什么？我们先是用生赎罪，然后以死赎罪。这同样是对原罪的讽喻。——原注

即大多数人在道德和智力上所表现出来的可怜而卑劣的品性，就不会再感到诧异，更不会感到愤怒，因为我们将永远铭记我们所处的位置，并因此把每一个人首先看作是由于罪过而存在的存在，他的生命是对原罪的抵赎，这正是基督所说的人的有罪本性。因此，这是我们在世上与同类相遇的基础。此外，世界的构成使人们大都或多或少地处于痛苦和不满的状态之中，这种状态并不能使他们更富有同情心或亲切友善。最后，事实上，在绝大部分情况下，人类的智力并不足以为意欲服务，因此，我们必须调整对社会的要求。坚持这一观点的人，也许会将社交冲动称之为有害倾向。

事实上，坚信世界与人类，都是某种不应该存在的事物，会让我们彼此充满宽恕和包容，因为对在这样的困境中泥足深陷的人，又能期待什么呢？事实上，从这个角度出发，我们可能会想到人与人之间最恰当的称谓不应该是"先生""阁下"等，而应该是"我苦难的同胞！"尽管这样的称呼听起来很怪异，但是它贴合实际，能够帮助我们把彼此放在最合适的位置，并提醒着我们最紧要的东西：忍耐、恒心、宽恕，以及友爱邻人。这是每个人都应具备的，也是每个人都需要的品德。

这个世界，尤其是人类世界，其特征并不是人们常说的不完美，而是扭曲，是道德、智力以及物质等所有方面的扭曲。

有许多关于恶行的借口，"那是人的天性"，很多时候，这种借口都是不充分的，我们应当这样反驳他们："正因为这是恶行，所以谓之天性，也正因为这是天性，所以谓之恶。"要想正确理解这句话的含义，必须掌握原罪学说的意义才行。

我们在判断一个人时，应该始终坚持这样的观点，即这个人的基础是不应该存在的，即一些被理解为原罪的罪恶、反常和荒谬的东西，所以他注定要归于死亡。这其中的劣根性，其内在特征是基于无人能够经受得住近距离的仔细审查。对于这样的人类，我们还能期待些什么呢？从这个观点出发，我们将更宽容地评判他人，当潜伏于人心的魔鬼蠢蠢欲动并向外窥探时，我们也能波澜不惊；我们将更好地欣赏他人身上的优点，不论是智力方面还是其他方面。其次，我们也应当留意他人的处境，记住，生活的本质是一种匮乏、贫困、时常痛苦的状态，每个人都必须为生存而斗争，因此，人不可能总是笑容满面。相反，如果人真如所有乐观主义宗教与哲学都试图塑造的那样，是神的作品，甚至是神的化身，一个在任何意义上都是他应该成为的样子，那么我们在与他人相识、相知、相交时所产生的印象，将会发生怎样翻天覆地的变化！

"原谅世间所有"（《辛白林》第5幕第5场），宽容人类的每一个愚昧、失败与恶习，因为这些正是人类的弱点。我们是人，这些弱点我们也全部都有，我们现在义愤填膺，不过是因为这些弱点此时尚未在我们身上表现出来而已。也就是说，它们不在我们的表面表现，而是隐藏在我们的内心深处，一有机会，就会浮现出来，如同我们在别人身上看到的那样。虽然这个人有这个明显的缺点，那个人有那个明显的缺点，但毋庸置疑的是，一个人身上的坏品性之和有可能比另一个人要多得多，因为个体之间的差异大到难以估量。

论学者与博学

乍见五花八门的教学机构多如牛毛，学子与教师熙熙攘攘，我们可能陷入"人类已经极为重视求知与真理"的幻觉，但是，表象是靠不住的。教师授课是为了赚钱，他们追求的不是智慧，而是道貌岸然的外表和声誉名望；学生学习不是为了求知与思考，而是为了吹嘘和谈资。每隔三十年，世界上就会涌现出一代新人，他们对世界一无所知，他们只想狼吞虎咽般吞食人类几千年来所积累的知识，然后让自己变得比过去任何时候的人都更聪明。为了这个目的，年轻人去大学求学，挑选最新的书籍，这些书籍作为他们的伙伴，都必须够短、够新，就如同他们也是崭新的一样！然后他就有资本吹毛求疵，对事物妄加评判。在这里，我还没有囊括那些把学习当作饭碗的人。

各个时代形形色色的学生与学者们，其求知的目的通常只在于获取信息，而非深刻认知事物。他们以搜集掌握各种资料、信息为荣——诸如岩石、植物、战争、实验以及各类书籍。但他们从未想过，信息仅仅是求知的一种手段而已，信息本身并无价值，再者，哲学思维的特点其实是它的思考方式。

那些"伟大"的博学者拥有庞杂的知识。我有时候不禁自言自语:"啊!不动脑子居然可以读这么多书!"有报道说老普林尼总是在读书或者听人读书,无论是在餐桌前、旅行中,还是在沐浴时。我不禁要发问了,此人是有多么缺乏自己的思想见地,才会如此需要别人源源不断地传授思想,就像肺痨患者需要清炖肉汤续命一般。无论是他那毫无辨别力的轻信盲从,还是他那难以理解的、令人厌恶的一味节约笔墨的笔记本文风,都无法让我高度评价老普林尼独立思考的能力。

大量的阅读和学习不利于自己思考,大量的写作与教学也会使人没有时间对知识进行清晰透彻的理解,从而使人失去思考的习惯。因此,在表达中,他必须用词语和短语来填补清晰认知的空白和缺口。许多书籍乏味无比的原因就在于此,并不是因为讨论的主题枯燥。就像人们所说的那样,好厨子甚至能用一只旧鞋底做出开胃好菜,好作家也可以把最枯燥的主题写得妙趣横生。

迄今为止,对大多数学者而言,获取知识只是一种手段而非目的,因此,他们永远无法在其知识领域有所建树,因为对于追求一门知识的人来说,要做到这一点,需要把获取知识视为目的,而把其他一切,甚至是存在本身,都只看作是一种手段。一个人，若不是追求某个事物本身，那么这种追求便是虚情假意，每一种工作，要想取得卓越的成就，就要为工作本身工作，而不是将工作当成一种达到目的的手段。同样，只有那些把获取知识作为直接目的的人才能获得伟大的新思想和新领悟。学者们通常是为了教学和写作而学习，因此，他们的头脑就像肠胃，知识就从那里未经消化就排泄出去。因此，他们的教学和写作将毫无用处，因为未经消化的垃圾和残渣并不能滋养人，只有从血液中分泌出来的乳汁才能给人养分。

假发可谓是纯粹学者的恰当象征。茂密的假发装饰着头部，掩盖了自身的秃顶，正如博学就是用他人的观点来武装自己的头脑。当然，它并不能如此自然、完美地包裹自己的头脑；它也不是适应于任何症状的万金油；也没有坚实的根茎——像从土壤里生长出来的东西那样，一旦用完就会立即被同源的其他东西代替。因此，斯特恩[1]在《项狄传》[2]中大胆断言："自身的一盎司智慧抵得上他人的一吨智慧。"

---

[1] 斯特恩（1713—1768年），被誉为18世纪英国最伟大的小说家之一，代表作有《项狄传》《感伤旅行》。——编者注
[2] 全名为《绅士特里斯舛·项狄的生平与见解》，被认为是"世界文学中最典型的小说"。——编者注

假发可谓是纯粹学者的恰当象征。茂密的假发装饰着头部,掩盖了自身的秃顶,正如博学就是用他人的观点来武装自己的头脑。

事实上，拥有最渊博的学问与天才的关系，就像标本室之于植物世界，后者时时自我更新，永远新鲜，永远在变化，永远生机勃勃。还有什么，比注释者的旁征博引与古老作家的天真烂漫所形成的反差更大呢？

业余爱好者！你们只是业余爱好者！——这一蔑称是唯利是图的从业者对出于爱好和享受而学习，或为研究一门学问或艺术的人的鄙视，因为吸引这些从业者的不是爱好和享受，而是从事这一行当可以赚钱。这种鄙视源于他们的低级观念：没有人会认真对待一件事，除非迫于饥饿困苦，或者是被其他强烈欲望所驱使。公众源于同样的心理，也秉持同样的观点，由此造成了人们普遍尊崇"专家"，怀疑和不信任业余研究者。但事实是，业余爱好者把研究对象当作目的，而专家仅仅把他的研究对象当作手段。一个人只有挚爱一件事，才会对它产生直接而浓厚的兴趣，才会认真对待并愿意为之献身。最伟大的成就往往来自于这一类人，而非雇佣的奴仆。

如此说来，歌德在色彩理论方面也是一个业余爱好者了。关于这个话题，我想说上几句。

人类的愚蠢、无用和无意义是被允许的，因为愚蠢是人的权利。但谈论愚蠢和无用却是一种犯罪，是对礼仪和体面的违背,这是一剂多么聪明的预防针!但是,我顾不上这些了,我必须对同胞直言不讳:歌德的色彩理论的遭遇是德国学界不诚实和缺乏判断力的明显证据。极有可能,这"高贵"的二者狼狈为奸,联手作祟。受过良好教育的大众追寻欢乐消遣的生活,因此,他们将小说、喜剧或诗歌以外的书籍弃置一旁。如果他们想要额外阅读一些教诲的话,他们首先要等待那些懂得人们应该阅读什么的人士,写下具有积极指导意义的东西才行。他们把在这方面是内行的人士想象成专业人士,也就是说,把为某物而生的人与靠某物而生的人混为一谈,尽管二者鲜有类同。狄德罗[1]在《拉摩的侄儿》一书中就已说过,讲授某一领域知识的人,并不是认真研究和钻研理解这一领域的人,因为后者其实并没有多余的时间来授课。开班授课者,不过是靠学问谋生之人,于他们而言,知识就像"一头高产的奶牛,能够为他们提供黄油"[2]。当一个国家的最伟大的学者把某个课题作为一生的主要研究对象,就像歌德研究色彩理论那

---

1 狄德罗(1713—1784年),法国思想启蒙家、哲学家、剧作家、作家,代表作有《科学美术与工艺百科全书》。——编者注
2 参见席勒的著作《学问》中的警句。——原注

样，但却又得不到人们的认可和接受时，政府就有责任出资委托学院成立委员会，责令他们调查此事。在法国，一些不那么重要的问题就是用这种方式处理的，否则，政府养这么多学院有什么意义？难道就是为了让这些肥头大耳的家伙坐在一起装模作样，自吹自擂吗？新的和重要的真理甚少出自这些人，因此，他们至少得有能力对别人重要的成就作出判断，必须在其位谋其政。到目前为止，柏林学院的林克先生，在他的《博物学入门》第1卷里就已经给我们提供了样本，向我们展示了他所在学院的判断能力究竟是什么水平。林克先生先验地认定他所在大学的同事——黑格尔[1]——是一位伟大的哲学家，而歌德的色彩理论则是一部业余的拙劣作品，在这本书的第47页，他将二者扯到一块，并说："话题一旦转向牛顿，黑格尔就会暴跳如雷，而对歌德，或许是出于宽容吧，但糟糕的作品就应该用猛烈的词语加以抨击。"这位林克先生竟然大言不惭地说一个江湖骗子宽容了我国最伟大的思想者。作为林克先生可笑的判断力和荒唐放肆行为的例证，我补充一下同一本书里的

---

[1] 黑格尔（1770—1831年），德国哲学家，代表作有《精神现象学》《逻辑学》《法哲学原理》等。——编者注

其他章节，以阐明上面的观点，"在思想的深度上，黑格尔超越了所有前人，可以说，那些前辈的哲学在黑格尔的哲学面前消匿无踪了。"在第44页，他以这样的句子结束了对黑格尔讲坛闹剧的描述："这一学说是由最崇高的形而上的睿智思想所筑造的巍峨大厦，其根基坚固深厚，这在知识科学领域绝无仅有。像'必然性的思考就是自由；精神为自己创造了一个道德世界——在这个世界里，自由又重新成为必然'这样的表述令同道中人肃然起敬，并获得对自由与必然的正确认识，能够说出这样话语的人，必定永垂不朽。"这位林克先生不仅是柏林学院的一员，还是德意志共和国学术界的一位重要人物，甚至可以说是一位名人，这些表达——尤其是这种表达从来不曾受到任何批评——也可以被看作是对德国人判断力和公正性的检验。因此，不难看出，为何在长达30年的时间里，我的作品会被认为不值一读。

但德国学者太穷了，以至于不能做到正直、坦率。因此，他们迂回曲折、见风使舵、迁就逢迎并放弃自己的信念；所教与所作，尽是言不由衷的东西；拉帮结派、阿谀奉承，对达官要员、出版商、书评人乃至同事和学生都毕恭毕敬。总之，他们尊重一切，但不尊重真理与他人的长处，这些就是他们行事的原则与方针。这样一来，他们通常变成了谨小慎微的小人，其结果就是在德国的文化领域，尤其是哲学界，虚假和不诚实占了上风，我唯有希望这种虚假和不诚实的风气愈演愈烈，直至其因再也无法欺骗任何人而失去威力。

此外，学术共和国与其他共和国并无不同，人们喜欢谦逊朴实地、安静地走自己的路，从不试图表现得比别人更聪明的人，而团结一致反对思想怪异、构成某种威胁的人——在这方面，他们是多么人多势众！

学术共和国，大体上和墨西哥共和国差不多，在墨西哥共和国，各人只顾自己的利益，为自己谋求名望与权力，对其他可能因此而毁灭的人漠不关心；学术共和国也同样如此，人人都渴望拔尖以求名利。人们唯一达成的共识就是：不要让真正杰出的人崭露头角，不要让他登上顶峰，因为他对所有人构成了威胁。整个学术界的情形由此可见一斑。

自古以来，学院教授与独立学者之间就存在着某种对立，我们也许可以用家犬与野狼之间的对立来比喻这种情形。

教授因其地位，享有闻达于现世的优势；而独立学者也因其自身处境，享有流芳后世的优势。要达到流芳后世的目的，除了其他的、更稀有的要素以外，一定的闲暇和独立自主是必不可少的。

由于人们需要很长时间才能认识到谁才是真正应该被关注的对象，所以二者亦可并行不悖，各自发挥作用。

总的来说，教授从厩棚中得到的"饲料"，最适合反刍动物，相比而言，那些从大自然中觅食的人在野外生存得更好。

有关人类的各科知识，大部分只留存在纸上、在书本里，这就是人类的纸张记忆。只有一小部分在特定时刻，才会真实地存在于某些人的头脑中，这主要是因为生命短暂、世事无常，但也是因为人们懈怠懒惰，耽于享乐。每个时代的匆匆过客，仅汲取了自身所需的知识，便匆匆消逝，大部分学者都是肤浅之辈。随后充满希望的新生代萌发，但他们一无所知，不得不从头学起，同样，在短暂的人生旅途中，他们只能尽可能地抓住能抓住的知识，然后，又离开了这个世界。如果没有文字和印刷术，人类的知识该处于怎样的糟糕境地啊！因此，所有个体记忆都是有限和不完美的，唯有图书馆才是人类可靠而永久的记忆。也正因如此，学者大多不愿意让人检查他们的知识，就像商人不愿意让人检查他们的账目一样。

有关人类的知识在各个方面都是浩瀚无垠的，个体所能掌握的知识不足值得他掌握的知识的千分之一。因此，各个学科的知识皆已拓宽到如此浩大的程度，使得任何人想要"有所成就"，就必须放弃其他学科，只专注于其中某一领域。这样一来，他必然会在他的领域里出类拔萃，而在别的领域，就变得平庸。如若再加上日益普遍的对古老语言学习的忽视——对古老语言浅尝辄止的学习往往收效甚微——那么人文学科的通识教育就会逐渐消失，届时，我们将看到学者们除了在他们专属的知识领域突出外，真是又傻又呆。一般来说，这样的专科学者就好比工厂里的工人，一辈子只生产某种特定仪器或机器所需的螺丝、挂钩、拉手，除此之外，再没从事过别的工作，其手艺当然是炉火纯青。我们也可以把专科学者看作是终其一生都宅在家中，从不曾外出的人。他熟悉房屋的一切，对每一级台阶、每一个暗角以及透进房屋的每一缕阳光都了如指掌，就像维克多·雨果笔下的敲钟人卡西莫多熟悉巴黎圣母院一样，而房门之外的一切对他而言都是陌生和未知的。然而真正的人文教育要求人们拥有多方面的知识和广阔的视野，因此，一个更高意义上的学者当然也应该是某种博学多能的人。如果还想成为一个哲学家，那么他必须将人类最尖端的知识集中到他的头脑，因为这些知识再无其他途径可加以归纳联系。一流的思想家永远不会成为专科学者，因为对这样的思想家来说，

他熟悉房屋的一切，对每一级台阶、每一个暗角以及透进房屋的每一缕阳光都了如指掌，就像维克多·雨果笔下的敲钟人卡西莫多熟悉巴黎圣母院一样，而房门之外的一切对他而言都是陌生和未知的。

整体存在就是一个课题，针对这个课题，每一个思想家都将以某些形式和某种方法向人类提供新的解答，因为只有将事物的整体、事物的本质和普遍性作为成就主题的人，才能称得上是天才，而不是那些穷其毕生精力，试图解释事物之间的某种特殊联系之辈。

在欧洲，废除学者间通用的拉丁语和引入小气的民族方言，绝对是人类知识储备的不幸，因为只有用拉丁语书写的作品才能在欧洲拥有广泛的读者群体，每一本拉丁语书籍一经面世，就能风靡读者群。如今整个欧洲真正有思想、有判断力的人已然寥若晨星，如果他们的学术论坛再因语言的限制而被进一步拆分割裂，那他们的有益影响将被大幅减弱。那些雇佣写手根据出版商的随意选择而进行粗制滥造的翻译，已然成为学者通用语言的拙劣代替品。正因如此，康德的哲学在短暂的辉煌之后便陷入德国的批判泥沼，而费希特[1]、谢林[2]，甚至黑

---

[1] 费希特（1762—1814年），德国作家、哲学家，古典主义哲学的代表人物之一，代表作有《全部知识学的基础》《自然法权基础》等。——编者注
[2] 谢林（1775—1854年），德国哲学家，其风格常被认为是隐晦的、没有条理的，代表作有《论一种绝对形式哲学的可能性》《先验唯心论体系》等。——编者注

格尔的虚假学识却迎来了高光时刻；正因如此，歌德的色彩理论得到不公正对待；正因如此，我始终被忽略和无视；正因如此，如此具有智慧和眼光的英国民族，仍被最可耻的偏见和牧师的束缚所玷污；正因如此，法国辉煌的物理学和动物学缺乏与之相称的、有价值的形而上学的支撑和调控。这样的例子，还有很多。然而，与之相关的第二个更为巨大的损失很快就会来临，那就是人们不再学习古代语言。对语言问题的忽视，在法国甚至在德国已蔚然成风。19世纪30年代，拉丁语《法典》被译成了德语，这一现象清楚地表明了人们对所有学术的基础——拉丁文——的无知，亦表明了野蛮主义的开端。如今，事情已经发展到希腊文作家甚至是拉丁文作家的作品需附带德文注释出版的地步，这简直是乱弹琴。究其真正的原因，是编辑已经看不懂拉丁语的写作了（无论那些先生如何装腔作势），而亲爱的年轻一辈经由他们的误导，也热衷于走上懒惰、无知和野蛮的道路。我一度寄希望于文学学术期刊能对此事进行充分的严厉批评，但当我看见它竟然没有受到任何鞭笞，仿佛一切都是理所当然时，可想而知我是多么惊讶！这意味着书评家只是编辑和出版商的无知客户或赞助商。这些卑劣行径，在德国各类文学出版物中早已司空见惯。

我在这里还要指责另一种日渐明目张胆的粗鄙、恶劣做派，那就是人们甚至在真正探讨学术的学院所出版的科学论著和文学期刊里，引用希腊文和拉丁文著作段落时，搬出来的竟然是德文译本。天呐！你们是写给鞋匠和裁缝看的吗？我想是的！你们只要畅销。那么请允许我谦恭地指出，你们在任何意义上都俗不可耐，少要点钱多要点脸吧！就让那些不学无术之辈感到自卑好了，而不是朝着他的钱包点头哈腰。德文译本要是可以完全代替希腊文和拉丁文原著，那么菊苣也能代替咖啡了，另外，我们可不敢相信这些译本的准确性。

如若事情已到了这般田地，那么，跟人文科学、高雅的审美与高尚的情操说再见吧！尽管我们已经有了铁路、电报和热气球，但蒙昧与野蛮依然会卷土重来，最终，我们将失去先辈们曾享受过的又一种优势。因为拉丁文不仅为我们打开了古罗马帝国的大门，还向我们直接揭示了所有欧洲国家，在整个中世纪时期以及到18世纪中叶为止的现当代时期的情况。所以，9世纪的埃里金纳、12世纪的索尔兹伯里的约翰[1]、13

---

[1] 索尔兹伯里的约翰（1115—1180年），英国基督教教士、哲学家、拉丁文学者。——编者注

世纪的赖蒙德·卢里[1],以及成百上千的其他学者,每当他们对科学和学术问题有所思考时,都可以用这种特有而自然的语言与我们直接对话。所以,直到现在,他们仍然可以与我相邻,我仍可以同他们直接接触,真正认识他们。如果他们用各自所属国家与时代所特有的语言写作,那又将会是什么情形呢?他们的作品,我恐怕连一半都弄不明白,更别说与他们进行真正精神上的接触了。我看他们就如同眺望遥远地平线上的阴影,甚至只能通过"翻译"的望远镜去了解他们。正是为了避免这种情况,根据培根[2]的说法,他后来把自己的《随笔集》翻译成了拉丁文,但在翻译的过程中,他得到了霍布斯[3]的帮助(参看沙勒维尔的《托马斯·霍布斯的一生》)。

在这里我必须顺带提一句,如果爱国主义尝试在知识领

---

[1] 赖蒙德·卢里,12世纪末13世纪初的西班牙神学家和逻辑学家。——编者注

[2] 培根,指弗朗西斯·培根(1561—1626年),英国文艺复兴时期的散文家、哲学家,代表作有《新工具》《学术的进步》《随笔集》等。——编者注

[3] 霍布斯(1588—1679年),英国政治家、哲学家,他创立了机械唯物主义的完整体系,代表作有《论政体》《利维坦》《论公民》等。——编者注

域主张自己的权威,那么这种爱国主义就是令人反感的,理应被驱逐。因为没有什么比这种行为更粗鲁更无礼的了:在纯粹和普遍的唯有真、善、美才值得称道的人性范围内,只因偏爱宝贵的自己恰好归属的国度,就把这份偏爱作为砝码置于衡量的天平上,并出于类似考虑,或罔顾真理,或不公正地区别对待他国的伟大思想家,只为歌颂和赞扬本国略逊一筹的思想家,还有什么比这更无耻的呢?不过,这种庸俗情绪的案例,我们每天都能从欧洲各国的作家身上感受到。因此,《伊利亚特》[1]早在三十三篇文学寓言中就对这种情绪有过无情的嘲讽与奚落。

提高学生的质量,要以削减过于庞大的数量作为代价,因此,法律应该规定:(1)任何人不得在20岁之前进入大学。他首先必须通过两门严格的古代语言考试,才能被大学录取。如此一来,学生必须免除兵役,以取得优异成绩。大学生要学的知识实在是太多了,可不能草率地在与自己职业截然不同的军旅生涯上虚掷一年甚至更长的光阴,更不用说行军训练

---

[1] 《伊利亚特》,古希腊经典史诗作品,叙述希腊人远征特洛伊城的故事。——编者注

会削弱文盲（不管他是谁）对学者怀有的自始至终的尊敬了，事实上，这与劳伯赫在其喜剧《百年之前》中描述的"老德绍人"对一个应试者的狡诈残暴行为一样野蛮。让从事学问的人免除兵役这一非常自然的豁免并不会导致军队规模变小，相反，它会大幅减少庸医、低等律师、低等法官以及各种无才无德的昏师与江湖骗子的数量，因为士兵生活的方方面面都会令未来的学者意志消沉。（2）法律还应当规定，大学一年级学生必须全部主修哲学科目，在第二学年之前，他们不能修那三种高级科目的课程，但神学专业生、法律专业生和医学专业生则分别需要学习那些高级科目两年、三年和四年。另一方面，文科中学或高级中学的教学课程可以仅限于古代语言、历史、数学和写作文体，并且要更系统地学习，尤其是在古代语言这一科目上。但是由于学习数学所需的资质非常特定和特殊，与其他科目学习所需的心智能力并不同步发展，事实上也并无相通之处[1]，所以应该分班授课。这样，其他科目六年级的学生

---

[1] 关于这个问题，读者可以读一下威廉·哈密尔顿的文章《论数学的价值与无价值》——那是对维沃尔的一本书的评论，刊登在1836年1月的《爱丁堡周报》上。后来这篇文章同其他文章结集出版，也被翻译成了德文。——原注

可以与四年级的数学生同班上课,不会有伤体面,也只有这样,学生才能因材受教。

教授们当然不会赞成上述建议,他们更关心的是学生的数量而非质量,同样他们也不会支持下面的建议:博士毕业典礼应该完全免费举行,这样,由于教授贪得无厌而名誉扫地的博士学位才能重现荣光。作为回报,后续对博士的国家考试就可以废除了。

论自为的思考

图书馆大而无章不如小而有序。同理，若人知识庞杂但却未经独立思考而加以吸收，其价值不如那些反复深思的有限知识，因为，一个人只有从各个角度审视他所知的，通过对各个真理的比较再结合自己的认识，才能完全掌握这些知识并为己所用。一个人无法对不了解的事物进行深入思考，因此，他虽然熟悉某些事物，但也只有对这一事物反复思考之后，才能说已经了解了这一事物。

阅读和学习是每个人都可以基于自由意志去做的事情，但思考不是。如烈火需要风的帮助，思考必须经由对思考对象的兴趣来激发和支撑。这种兴趣可以是纯粹客观的，也可以只是主观的。主观兴趣只有在涉及个人事务方面才会得到体现，而对事物的纯粹客观兴趣只限于那些天生热爱思考的头脑，对他们而言，思考就像呼吸一样自然，但这类人非常罕见，这就是大部分学者鲜有纯粹客观兴趣的原因。

由自为的思考带给心灵的影响同阅读相比，差别之大令人难以置信。天资差异导致人们在阅读和思考的倾向上有所不同，而这种不同将继续扩大并加剧二者之间的原始差异。我想说的是，阅读将一些观点强加给我们的思想，这些观点对我们当时的倾向与情绪来说是异质的，是格格不入的，就像印章在蜡封上盖下的戳印一样，此时我们的头脑全然处于外部的强迫之下，被驱使着去思索一二，尽管那时我们可能没有丝毫思考的冲动和意愿。

但是当一个人由着自己即时的兴致，进行自为思考时，这种即时的兴致为外部环境或者某种特定的回忆所影响。周围直观的世界并不像阅读那样，可以在脑海中留下单一明确的观点，而是提供素材与场景，引领他去思考什么适合他的天性与现在的性情。所以说，过多的阅读会剥夺头脑的弹性，就像处在持续压力下，弹簧会失去弹性一样。让一个人丧失主见最稳妥的办法，就是让他在感到无所事事的每一刻都随手拿起一本书。这种做派很好地阐释了为何博学反倒让大多数人变得更加愚昧糊涂，也使得他们的写作无法取得成功。这些人，诚如蒲柏[1]所言：

---

[1] 蒲柏（1688—1744年），英国古典主义诗人，代表作有《鬈发遇劫记》《愚人志》《道德论》等。——编者注

永远在阅读，从未被阅读！——《愚人志》

所谓学者，就是在书中做学问的人，而思想家或天才则是径直深入世界的人，正是他们照亮了世界，推动着人类的进步。一个人若想其思想具有内在的真理性与生命力，那么，首先这些思想在本质上必须是他自己的，因为这是他唯一能够完全理解的思想。阅读别人的思想如同取食一场不被邀请的宴会上的残羹冷炙，或者穿上某位不速之客弃置的外套，读来的思想对比自身萌生的思想，就如同将史前植物的化石痕迹与春日怒放的植物进行对比。

阅读只是自我思考的代替品，它意味着把自己的思想置于别人的思维之中。浩瀚书海唯一向我们展示的就是歧途竟如此之多，如果轻信盲从，就会误入迷途。但一个听从天赋指引的人、一个能自为思考的人、一个能自由而正确思考的人，能拥有唯一的能探测正确方向的罗盘。我们只有在思绪凝滞的时候才去阅读，因为即使是最聪明的头脑，思路不畅的情况也时有发生。另一方面，驱逐自己具有原始力度的思想，却只为拿起一本书，这种行为是对圣灵的犯罪，这种行为就好像一个人逃离大自然，而去观赏博物馆的植物标本或者铜版风景画一样。

他阅读别人的书籍，收集别人的观点，以形成一个整体思想体系，就像任意拼凑的无血无肉的机器人。

也许我们大费周章、反复琢磨得来的见解和真理，在一本书里能轻易找到现成的答案，但通过自己的思考获得的见解和真理，其价值要比书中得来的高出百倍。因为只有通过自为思考获取的知识才会作为一个完整的部分、一个有生命力的环节，进入我们的整体思想体系。它完整而坚定地同我们的所知相联系；它的根基、缘由以及引申的一切都是可被理解的，它具有我们思维方式的色彩与标识；它在我们需要的时候恰好出现；它屹立不倒，日久弥新。据此，歌德的诗句在这里得到了完美的运用，甚至进行了完美的解释：

从父辈继承的遗产，
你必须挣回来，才算是真正拥有。

自为思考的人，首先要形成自己的观点，而后只是当权威证实了他的观点并加强他的信心时，才了解到权威。而那些书本哲学家却是先从权威开始，他阅读别人的书籍，收集别人的观点，以形成一个整体思想体系，就像任意拼凑的无血无肉的机器人。相反，自为思考者的思想如同大自然创造的鲜活的血肉之躯。因为思想的问世就像是一个人的诞生，外部世界令思考的头脑受孕，思想的胎儿随后成形和分娩。

仅仅靠学习得来的真理,就像是假肢、义齿和蜡模鼻子,充其量像用别人的皮肉做的假鼻子,但是经过思考得来的真理却像天然的肢体,它只属于我们自己。思考者与学习者的本质差别就在于此,自为思考者的思想造诣就像是一幅精美的油画,光影准确、色调持久、颜色恰当和谐,栩栩如生,相比之下,后者的思想造诣就像是一个巨大的调色板,布满令人眼花缭乱的色彩,或许它是经过了系统排列的,但由于缺乏内在联系,显得并不和谐且无意义。

阅读是用别人的头脑代替自己思考。用自己的头脑进行思考往往会形成一个互相耦合的整体——一个体系,哪怕它不是一个绝对完整的体系。但对自己的思维而言,没有什么比他人思想的洪流(比如不断阅读)更能阻碍这种体系的形成了,因为这些思想源于不同的头脑,归属于不同的体系,带有各自不同的色彩,所以永远不可能汇聚成一个思想整体,也永远不可能形成思想、知识、洞察力和信念的统一体,反倒是用巴比伦式混沌的语言填满阅读者的大脑罢了。大脑一旦被杂乱的思想超负荷地占据,就会失去明晰的洞察力,从而陷入混乱之中。这种状态在许多学习者身上都可以被观察到,他们在理智之清醒、选择之正确以及经世之老练方面,均逊色于文盲,后者通过处世的经验，与他人的交流以及少量的阅读，使得从外部获得的些许知识始终服从于自己的思想并代表着自己的思想。

真正的思想者和文盲做着同样的事情，只是前者更具规模。尽管思想者对知识的需求量大，需要更多的阅读，但他的思想依然强大到足以掌握、吸收并将这些知识纳入自己的思想体系，并使其服从于他那浩瀚并不断成长的思考的有机统一体。在这个过程中，他的思想如同管风琴的低音部，总是统领着一切，从不曾被其他音调淹没。而在那些所谓的博学者的头脑里，音乐的碎片杂糅混合，相互碰撞，以至于听不清任何一个基本的音符。

那些终生耕读不息，从书中拾人牙慧者，就像是通过旅行者的口口相传了解另一个国家的精准资讯。他或许知道那个国家的很多事情，但终究对其真实情况缺乏连贯、清楚和深刻的了解。但那些毕生思考不止的人，就像亲自旅行的人，他们是唯一真正知道自己在说什么的人，他们了解事情的真实情况，在所谈论的问题上是真正的行家。

思想家与平庸书本哲学家的关系，就像是历史的目击证人与史学家的关系一样，目击证人的讲述基于自己的直接认知。因此,大部分自为思考者总是能就某个问题得出大致相同的结论,他们所呈现出的差异性,主要是源于不同的视角,而当视角的差异不影响议题时,他们的言论又将趋于一致。我著作中的很多章节都是经过再三犹豫才向公众展示的,这是因为它们与通常的见解相矛盾,但是后来我惊奇地发现,在伟大思想家的古老著作里也记载着同样的观点。

书本哲学家不过是汇报甲说了什么,乙的意见如何,丙又提出了怎样的反对意见,诸如此类。他们比较不同的观点、意见与批评,并试图得出事情的真相,在这方面,他们与历史批判学家无异。例如,他们会着手调查研究莱布尼茨是否有过一段时间信奉斯宾诺莎[1]以及诸如此类的问题。有兴趣的读者可以从以下两本书中找到有关我这段话的详细例证,即赫尔巴特[2]所著的《对道德学和自然权利的分析说明》和《谈论

[1] 斯宾诺莎(1632—1677年),近代西方哲学的三大理性主义者之一,代表作有《笛卡尔哲学原理》《神学政治论》《伦理学》等。——编者注
[2] 赫尔巴特(1776—1841年),德国哲学家、心理学家,在西方教育史上被誉为科学教育学的奠基人,在世界教育史上被称为"现代教育之父",代表作有《普通教育学》等。——编者注

自由的通信》。人们可能会诧异于像他们这种人竟然会这样自寻麻烦，因为从表面上看，他们只需专注事物本身，略加独立思考，即可达到目的。不过，在这个过程中会有一点小小的困难，因为这并不取决于他自己的意愿：一个人可以随时端坐着阅读，但却不能随时认真地思考。也就是说，思想就像人一样，我们不能随心所欲地对其呼之即来，而是要耐心地等待它们的出现。对一件事物的思考，必然是通过外部刺激与内在心境情绪，以及个人志趣的巧妙结合而自然发生的，而书本哲学家永远都撞不上这种条件。这甚至可以通过涉及我们个人利益时的思想来加以阐明。当我们需要就诸如此类的个人事务作出某种抉择时，我们无法在任何特定时刻安坐下来，细细权衡利弊后再作决定。因为，就在那一刻，我们会发现自己无法全神贯注于思考的主题，思绪总是会飘忽游离到别的事情上去。这种现象应归咎于我们对思考这件事的不情愿与反感。此时，我们不该强迫自己，而是应该静心等候适合思考的情绪出现：它往往不期而至并频频回眸，而我们在不同时期处理问题时所表现出的情绪多样化，又总能使我们对事物产生新的看法。这一漫长过程即为我们所理解的

"深思熟虑"。作最后的决定需要循序渐进,在这个过程中,彼时被忽视的东西,此时又重新浮现在脑海,甚至厌恶的情绪也消失了,因为当事情被我们看清后,它往往会显得更容易被接受。人须待时而动——这条规则不仅适用于实务践行,也同样适用于理智生活,即便是最伟大的头脑也无法一直沉思。因此,伟人会通过读书来消磨闲暇,诚如我所言,阅读是思考的代替品,是借他人的思考以获取思想素材的一种方式,虽然他人的思考并非以我们自为思考的方式。因此,一个人不应过量阅读,以免自己的思想因依赖于代替品而停止去了解事物本质,亦即以免因循守旧,跟随别人的思想而偏离了自己的思想道路。只为阅读而撤移投向现实世界的凝视,这尤为不该,因为激发人们思考的冲动和情绪,更多是源于现实世界而非书本世界。直观可见的真实生活有其原始的本质和力量,是思考的头脑的天然主题,且更容易唤醒和影响思考的头脑。

综合这些考虑,如果自为思考者能够轻而易举地通过谈吐的方式同书本哲学家区别开来,也不足为奇:自为思考者的表达都打着诚挚、直率、原始的烙印,他所有的想法和表达,都出于自己对事物的真实感知;而另一方面,书本哲学家展现出的想法都是二手的，如同旧家具店四处收集得来的劣质家具，他在精神上，呆板而无意义，就像是一个副本的抄本，他的文学风格由墨守成规的，不，是由庸俗的习语和偶然流行的措辞构成，从这个角度来看，他的思想更像是一个流通着外国钱币的小国，因为他没有自己的货币。

单纯的经验跟阅读一样，不能代替思考。经验之于思考，就如饮食之于消化吸收。当经验吹嘘说人类的进步完全归功于它的发现时，就像嘴巴宣称它对维持身体健康具有全部的意义。

真正有思想才华的人，其作品都具有果断和确切两个特征，这意味着它们明晰而不晦涩。一个真正有才华的人总是清晰地知道自己想要表达什么，无论其表达形式是散文、诗歌或是音乐。平庸的作品既不果断也不确切，人们正是通过这两个特征来分辨这类作品的。

一流思想者的标志性特点，就是他们的判断总是直截了当。他们所主张的一切无一不是其独立思考的结果，其表达方式处处都显示了这一点。在知识的王国里，这样的思想者就像一个王子，拥有无上的权威；而低级思想者的权威仅仅是被授予的,这一点从其缺乏自己印记的表达风格就可以看出。

每一个真正自为思考的人,都像一位君王。他的地位至高无上,绝不受命于他人;他的判断如同王的律例,发自主权,源于自身;他不会听从权威的意见,就像君王不接受命令一样;他不会承认任何事情,除非经过了他自己的证实。庸碌的头脑受制于各种各样现行的意见、权威和偏见,他与默默服从法律接受上级命令的普罗大众无异。

那些热切渴望通过引用权威以定论争议的人,他们乐于搬用别人的智慧和见解(这是他们所缺少的)来代替自己的思考。他们为数众多,正如塞涅卡所言:"每个人都更愿意去相信(权威),而不是自己做出判断。"所以,在他们的争论中,权威就成了他们滥用的武器,用以攻击对方。谁要是卷入这样一场争辩,千万不要尝试用理性和论证来捍卫自己的观点,因为在与这种武器对抗时,对手可能不过是一群毫无独立思考或理性判断之能的、唯权威是瞻的庸人。面对攻击,他们会搬出权威来羞辱对方,并高呼他们已经赢得这场对抗。

无论现实的世界多么公平、美好和愉悦,我们总是生活在沉重的压力下,我们只能不断地克服它。而在思想的世界里，我们是脱离肉体束缚的灵魂，不受限于法律约束，不受困于贫穷与苦痛。因此，世上没有哪种幸福能与一个优秀而富饶的头脑，在恰好的时间发现自身的价值相比拟。

思想的存在宛如我们挚爱的恋人，我们幻想着永不遗忘我们的思考，就像幻想同爱人永不疏离。然而，不在眼中，便下心头！再精妙的思想，若不记下来也会不可挽回地遗忘；再亲密的爱人，若不结婚也会相离弃。

思考者的大量思想于他自己都是有价值的，但有力量引起共鸣或得到反响者寥寥无几——我指的是，它们载于纸上后，仍能博得读者的兴趣。

但可别忘了，一个人最初通过自为思考得来的东西，才具有真正的价值。我们可以将思想家分为两种：一种总是为自己思考，一种总是为其他的理由思考。前者是真正的自为思考者，他们的确在思考，也是切实的独立者，他们是真正的哲学家，唯有他们才是诚挚的，他们存在的乐趣与幸福皆源于思考；后者则是诡辩家，他们希望通过矫饰自己，从世间获利，并以此寻求幸福，除此之外，他们对任何事都缺乏热忱。一个人究竟属于此二者中的哪一类，我们可以通过观察其举止风格从而进行判断。利希滕贝格[1]是前者的楷模,赫尔德[2],毫无疑问,当属后者。

一旦当我们意识到存在这一问题——这暧昧混沌的,备受煎熬的,稍纵即逝的,如梦似幻的存在——是何等庞大,与我们的关系又是何等密切时,其他的问题与目标便无足轻重了。而在这个问题上,我们看见所有人(除了罕见的极少数例外)对存在这一问题都没有清晰的意识,他们似乎对此毫无察觉,只是庸庸碌碌忙于其他;他们浑浑噩噩地活着,只顾当下与不远的未来,要么明确地弃之于不顾,要么妥协于某种通俗的形而上学体系,并以此得到满足。我只想说,当你梳理清楚上述种种,就会得出这样的观点:人只能在广义上,被称作是一种思考的生物,此后,你再也不会为人类任何轻率或愚蠢的特征而感到大惊小怪了。相反,我们更应该清楚,正常人的智

---

[1] 利希滕贝格(1742—1799年),德国启蒙学者、思想家、讽刺作家、物理学家,这位重要的学者一直默默无闻,知之者甚少。——编者注
[2] 赫尔德(1744—1803年),德国哲学家、神学家、诗人,代表作有《论语言的起源》《人类历史哲学观念纲要》《民歌集》等。——编者注

力范围确实超过了动物的智力范围（动物对过去和未来没有意识，可以说它们的整体存在是一个单一的现在），但也并非如人们普遍认为的那样远远超过。

事实上，大多数人的谈话方式也印证了这一点，他们的思维如同麦秸一般被切得零散破碎，连想要从中理出一条稍有长度的主线都无可能。

如果世界上居住的都是有思想的生物，就不可能会对形形色色的，可怕而又无的放矢的噪音听任自流了。如果自然真的打算给予人类思想，就不会赐予人类双耳，不管怎样，她至少要给人耳配备密闭的封盖，如同令人羡慕的蝙蝠耳朵那般。但事实上，人类与其他动物无异，都是一种可怜的生物，其力量仅足以维持生存的斗争，因此，人类必须时刻支起耳朵，不分昼夜地警示自己追捕者正在临近。

论写作与文风

首先,作者可分两类,一类因有东西要表达而写作,一类为写作而写作。第一类作者是有了一些在他们看来值得交流的思想或经验;第二类作者则是需要钱,因此是为金钱而写作,为写作而思考。我们能够轻易分辨出后者——通过他们拖沓冗长的行文和真假参半、牵强附会、含糊不清的夸张思维。他们常常故作晦涩,以此显得自己与众不同,因此,他们的写作缺乏确定性和绝对的清晰性,人们很快就会发现,他们写作的目的只不过是为了填满纸页。有时,我们在最好的作家的作品里,也能看到这种情况,例如莱辛[1]作品中的某些片段,甚至让·保罗[2]的许多小说中也有充数的部分。一旦发现这种情况,我们就要立刻扔掉这本书,因为时间宝贵。事实上,一个作者如果为了凑字数而写作,那就是在欺骗读者,因为他口口声声宣称自己是有感而发。稿酬和版权,从根本上败坏了

---

[1] 莱辛(1729—1781年),德国戏剧家、文艺批评家、美学家,代表作有《拉奥孔》《年轻的学者》等。——编者注
[2] 让·保罗(1763—1825年),德国小说家。——编者注

文学。只有纯粹因为有东西要写的人，才可能写出有价值的内容。如若文学的每个领域，都只存在极少数真正的佳作，那可真是天赐之恩！但只要写作仍有利可图，我们就绝不可能做到这一点。仿佛是对金钱的诅咒：作家一旦为获利而写作，就会堕落。伟大的作家写出的最优秀著作，在其产生之初，大多是无企图地写作，或酬劳微薄地写作。西班牙有句谚语在此得到应验：荣誉和金钱不能同时装入一个口袋。当代德国及国外文学困境的根源就在于为钱财而著书。求财者坐下写书，大众却傻乎乎地掏钱购买，这种情形的次要后果，是语言被败坏。

公众的愚蠢——非最新出版的书籍不读——是一大群拙劣作者赖以生存的资本，我指的是"日报记者"。这个称谓多么贴切！翻译成德文，就是"按日结算报酬的工人"。[1]

---

[1] 伟大的作家和艺术家的共同之处在于他们都对自己的主题非常认真。其他人除了对自己的利益和报酬较真外，余者皆马虎对待。若一位作家出于内心的使命与冲动写出了一本书并因此收获盛名，随后，凭借这本书带来的名声成为一名多产作家，那么他就是在为不义之财出卖自己的名声。当一个人写作是为了有所牟取时，他就再也写不出什么好作品了。职业作家也就是在这个世纪才出现的，在此之前，作家们仍具有使命感和素养。——原注

我们也可以说有三类作者。第一类作者只写作不思考，他们从记忆或回想中取材，更有甚者直接剽窃他人的作品，此类作者数量最为庞大；第二类作者，一边写作一边思考，他们思考是为了写作，他们也为数不少；第三类作者，思考先于写作，他们写作仅仅是因为他们有所思考，这一类作者非常稀有。把思考推迟到写作时的第二类作者，就像是随意出门的捕猎人，很难有所收获。第三类稀有作者，其写作过程，就像将一只只事先猎获的猎物关到一个笼子里，而后又把它们成群地驱赶到另一个同样密闭的空间，在这里，猎物们无法逃脱，所以他现在要做的就是瞄准和射击（他的描述），这会是一场有收获的狩猎。

但是，即使是在写作前认真思考的寥若晨星的作家中，思考事物本身的人也微乎其微，余者仅思考看过的书、别人说过的观点。也就是说，他们若想要思考，就需要从别人提供的思想中获得更直接、更有力的刺激，别人的思想就成为了他们最直接的主题，他们始终在他人的影响之下，永远缺少真正的独创性。另一方面，极少数作家是在事物本身的刺激下进行的思考，因此，他们的思维直接指向事物本身，只有他们的作品，才能得以留传。毋庸置疑，这里指的是高级知识写作者，而非描写白兰地如何蒸馏之类的作者。

只有直接从自己头脑中提取素材进行创作的作者,其作品才值得一读。但是那些书刊炮制者、纲要汇编者和平庸的历史作者,都是直接从书本中取材,甚至不曾经过大脑的加工处理,就直接形成了文字(如果一个人对自己书中的一切都了如指掌,该多么"有学问"!)。他们讨论的内容如此含混不清,以至于我们绞尽脑汁想要弄明白他们到底在想什么,却依然徒劳无功。其实,他们的思想空洞无物,有时候,他们抄袭的书籍也是这般云山雾罩,所以,这种写作方式就像照着石膏模型倒模,最后,安提诺斯[1]的脸变成了一张无法辨认的脸部轮廓。所以,我们应该尽量避免阅读汇编式著作,尽管我们很难完全避免这类书籍,因为把多个世纪以来积累的知识浓缩在一个狭小空间的纲要、概略类,也属于所谓的汇编。

最大的错误,莫过于认为最后说出来的话语一定更为正确,新写出来的文章一定优于旧作,每一次修改都是朝着正确

---

[1] 安提诺斯,希腊美男子,少年时被罗马皇帝哈德良发现并从此跟随。同时期的雕像中要数安提诺斯的雕像留传得最多。——译者注

的方向迈进一步。真正的思考者、具有正确的判断力并严肃对待问题的人不过是例外，渣滓和乌合之众才是主流。这些主流人士总是时刻勤勉地用自己的方式删减和"改进"思想家经过深思熟虑后说出的话语。因此，谁要是想获取关于某个主题的资料，就应该注意，不要贸然追逐最新书籍，人们满以为科技一直在进步，新作就一定借鉴了旧作。事实的确如此，但他们是怎么借鉴的呢？新书的作者往往并未吃透前贤旧作，但又不愿意直接沿用旧作中的原话，而是自作聪明地，将原文作者根据自身丰富的学科知识推敲出的更清晰和优秀的表达，加以"纠正"和破坏。他们经常忽视前贤作品中最为精妙的句子、最引人入胜的阐释和最精妙绝伦的评论，因为他不能鉴别它们的价值，也无法领会它们的内蕴，唯一能吸引他们的只有肤浅乏味的事物。卓越的旧著常常被低劣的新书所取代，这些新书大多以赚钱为目的，在同伙的吹捧中傲然登场。在科学研究领域中，为了获得认可、树立权威，每个人都试图提出一些新事物，这些新事物不过是为了推翻此前人类认为正确的事物，为自己的谎言争得一席之地。这种伎俩或许能够得逞一时，但最后人们又会重拾正确的旧理论。这些现代作家对世间万物都漫不经心，除了他们尊贵的自己——而这正是他们希望别人维

真正的思考者、具有正确的判断力并严肃对待问题的人不过是例外，渣滓和乌合之众才是主流。

护和认可的。既然提出一种悖论是快速实现目的的捷径，他们思想贫乏的头脑就给他们推荐了否定之道：他们否定长期以来公认的真理，例如生命力、交感神经系统、生物的自然发生、比夏[1]对情欲的作用和智力产生的效果所做出的划分，等等，这些人又重回极端的原子主义学说以及类似的学说中去。因此，科学进程的倒退时有发生。属于这一类的还有那种在翻译时对原作做出纠正和润饰的译者，在我看来，这总归是一种无礼的行为。真想对这些人说："有本事你们自己写一些值得被翻译的书吧，请让别人的作品保持原样！"因此，如果可能的话，我们应该阅读真正的原创者、奠基人和发现者的著作，或者至少要读在某一领域被公认是大师的作品。宁可购买二手书，也不要去读那些以"新瓶装旧酒"的书。当然，"对已发现的事物做出补充是容易的"，在对学科基础知识有了充分了解之后，我们还必须熟悉有关该学科的最新补充。总而言之，这一普遍的规律也同样适用于此处：新的事物鲜少是好的，因

---

[1] 比夏，18世纪德国自然哲学家。——译者注

为好的事物只是暂时是新的[1]。

书名之于书，就像地址之于信，书名的主要目的，应该是引起那些可能对内容感兴趣的公众对这本书的注意。因此，标题应具有描述性，既然书名本质上就是简短的，那么它应该是简明扼要而富有内涵的，如果可能的话，还应该是内容的梗概。因此，那些啰嗦冗长、艰涩模糊、费解难懂的书名，甚至虚假错误、具有误导性的书名，最终都会将书导向如同写错地址的书信一样的命运。但最恶劣的是盗用书名，即使用其他书籍已有的书名，首先，这是剽窃行为，其次，这是作者完全缺乏原创性的最有力证明。如果连给书起一个新名字的创意都没有的话，更不可能赋予书籍新的内容了，类似的还有模仿书名，也就是说，半盗窃别人的书名，例如，在我的著作《论大自然的意欲》出版很长时间以后，奥斯特就写了一本《论自然界的精神》。

---

[1] 为确保读者保持恒久的关注与兴趣，我们必须要么写出具有永恒价值的作品，要么不断地创作新作品，正因如此，新作永远不如旧作。

"若接近顶端我将停滞不前，

那么我就得每次都搞出新的花样。"——蒂克

——原注

作者寡廉鲜耻地插入窜改自他人作品的引语，亦可见其诚实度之低。我发现那些从我作品中引用的段落一般都是伪造的，在这一点上，只有自诩和公开宣称是我的追随者的人例外。窜改往往是由于粗心，因为这些作家琐碎而陈腐的表达与措辞早已流于笔尖，而习惯的力量使其浮于纸面。有时候企图纠正改良我的作品是出于无礼，但更多时候是出于恶意，这种卑鄙无耻的行为，就像伪造硬币一样，彻底剥夺了原作者的尊严。

一本书永远无法超越作者思想的印迹。这些思想的价值要么在于题材，即他所思考的事物；要么在于形式，即他对材料的详细阐述和对题材的思考。题材丰富多彩，赋予书籍的优势也同样丰富多彩。因此，所有本身和广义上的历史事实和物理事实的事物，所有的经验素材，都涵括在题材之内。题材的独特特征全部取决于客体，因此不论作者是谁，这样的书都能成为重要作品。

另一方面，就形式而言，其独特特征取决于作者，即主体。其著作所触及的题材可以是人人都能接触并熟知的事物，但诠释的形式、思想的内容，在此赋予书籍的价值，却在于主体（作者）。从这个角度来看，如果一本书的内容极其出彩，那么它的作者也必定特别出色。由此可见，一个其作品值得一读的作者价值越大，越不受题材影响，也就是说，书的题材就越是常见，更为平凡。例如，三位伟大的古希腊悲剧作家都曾处理过同样的题材。

因此，如果一本书颇具盛名，我们就应该仔细辨认这本书享有盛名是源于题材还是源于对题材的处理形式。

单就题材而言，肤浅平庸之辈也能创作出重要的作品来，因为只有他们才能接触到这些素材，比如对遥远国度、对罕见自然现象、对科学试验以及历史事件的描述，他们或是亲历目击者，或是花费了大量的时间和精力专门去探寻和研究原始资料的人。

相反，若题材日常可触及，甚至众所周知，其价值就取决于形式了，因此，唯有与事物相关的本质思考才能赋予作品价值，唯有杰出的头脑才能写出值得阅读的作品。而其他人只能想常人之所想，他们写出的作品，不过是其思想的印迹罢了，但在这方面，每位读者都已拥有产生这种印迹的模板了。

然而，大众对题材的兴趣远大于形式，因此，他们无法领略更高等的文化。在对待诗歌作品时，他们的这种倾向表现得尤为可笑，他们孜孜不倦地探寻诗歌的创作背景——诗人的生活环境或个人轶事。事实上，大众对此类作品的作者的生活环境和个人轶事的兴趣往往要甚于其作品本身，所以，他们阅读关于歌德的书籍多过歌德的诗歌作品，探究浮士德传奇的兴致远甚于研读《浮士德》。贝尔格说过："他们会就莱诺尔是何许人也展开详尽的调查。"歌德的例子正应了这句话，因为我们已经看到太多关于浮士德和《浮士德传说》之类的学术论文了。这些论文永远保持着题材属性。这种对题材而非形式的偏好，就像是在无视一个美丽的伊特拉斯坎花瓶的形状和图案，却舍本求末地去探讨它的黏土成分、颜色及其化学性质。

尊崇价值应该明确体现在形式上的文学各领域，尤其是诗歌领域，通过题材产生影响以迎合大众恶趣味的企图，是为人所不齿的。然而，我们经常看到拙劣的戏剧导演试图通过题材来博眼球。比如，他们把一个名人搬上舞台，尽管他的生平乏善可陈，事实上，甚至那些与名人一道出场的真实人物尚未去世，他们就迫不及待地制造噱头了。

这里对区别题材和形式的讨论，在人们的谈话间也有所表现。善谈者通过智慧、判断力、机敏以及活泼等素质给对话提供形式，接下来才会考虑话题，即我们能与他谈论的东西，即他的学识，若可谈之物甚少，则只有上述的高素质才能使谈话富有意义。因为就谈话主体而言，所涉及的不过是人尽皆知的人、自然的境况和事物。若一个人缺乏上述素质，那么情形就刚好相反，他只能靠某一方面的知识赋予对话价值。这种完全取决于题材的谈话，正如西班牙谚语所言：蠢人对家里的了解更甚于聪明的外人。

思想的真实生命只持续到这一思想抵达文字之端，之后便石化、死亡了，但同时思想也变得坚不可摧，就像远古世界的动植物化石。我们亦可以将思想的短暂生命看作晶体的结晶过程。

因此，思想一旦与文字相逢，就不再至诚至真，不再严肃了。当思想开始为他人而存在时，就不再存在于我们的内心，就像孩子从母体分离，开启属于自己的生活一样。甚至歌德也说：

当你否认时，我一定不会迷惑！
而我们一旦开口说话，思维便误入歧途。

羽笔之于思考，如手杖之于行走，然而最简单的行走无需依靠拐杖，最完美的思考不必借助羽笔。只有当我们垂垂老矣，才会借助手杖行走，才会借助羽笔思考。

某一设想一旦在头脑中确立，或诞生，那么这一设想便有了生命，如同一个生物体，会从外界吸收同源的和对它有益的东西，异质和有害的东西要么被阻止进入，要么被整体剔除——若无法阻止它进入的话。

跟代数一样，讽刺作品应该只运用抽象和不确定的数或量，而不能运用具体的、确切的数或量。我们无权对活着的人进行讽刺，就像我们不能在活人身上进行解剖一样——以免我们的生命受到威胁。

一部作品要成为不朽的经典，必须具备诸多优点，以至于几乎无人能够领会和欣赏这部作品的全部优点。但是，也许这个人会认同和赞叹作品中的某个优点，另一个人会认同和赞叹另一个优点，因此，尽管人们的兴趣在不断发生变化，但这部作品在历经几个世纪后仍享有一定的声誉和名望。因为它先是在某种意义上备受推崇，而后又在另一意义上得到敬重，如此轮转，永无穷尽。然而，写出这等著作的作者，即能够流芳百世的人，却始终无法在茫茫尘世间，在同时代中觅得知音，他实在是太过于特别，他会发现自己如流浪的犹太人一般，经过几代人，却依然处于同样的境遇。简而言之，他就是阿里奥斯托诗中描绘的人物：自然铸造了它，随即打碎了铸模。否则，我们无法理解为何他的思想不会像其他作者的思想那样湮灭消亡。

任何时候，无论是文学还是艺术，总会有一些错误的基本观点、潮流以及风格备受追捧。庸碌大众热切地努力效仿，有洞察力的人则能看穿和排斥它，并置身于潮流之外。但不出几年，连庸碌大众也开始认清它愚蠢的真面目，并开始嘲讽它。这些曾令人惊羡的浓妆艳抹的矫饰之作，其脂粉如覆盖墙面的灰泥一般剥落，随即，这些作品就像光秃的墙壁陈列在我们的面前。所以，当一些长期秘密存在的虚假的基本观点，现在明目张胆地清晰地表达出来时，我们不应感到恼怒，而应感到高兴。因为它虚伪的本性很快就会被发现、被觉察，最终被揭露出来，如同脓疮溃疡终于被戳破一般。

为了反对我们这个时代不合情理的涂鸦行为[1]，也为了反对低劣无用书籍的日益泛滥，文学期刊应该起到堤坝作用。他们应该严格、公正、无私地做出审判，应该无情地鞭笞每一位不称职作家的每一部拙劣作品、每一个酒囊饭袋为充实干瘪钱

---

[1] 此处即指上文中乱写作、乱出书的行为。——编者注

袋而作的每一张"鬼画符",以及拒绝因此而出版的十分之九的残次品。他们应该通过这种方式,履行自己的职责,打击滥竽充数的写作者的欲望,反对招摇撞骗,而不是以无耻纵容的方式同作者和出版社勾结,掠夺公众的时间和金钱。一般来说,这些作者都是收入微薄的教授或者文人,他们写作是为了赚钱,因为他们目标一致,利益相通,所以相互勾结,相互扶持,相互吹捧。这就是所有低劣书籍尽获好评的缘由,书刊杂志刊载的也都是这类吹捧文字,因此,他们的座右铭应该是:待人宽如待己!(而大众头脑简单,喜欢阅读新奇作品,而不是好作品)但古往今来,可曾有一家刊物能夸口说从未赞扬过一文不值的文字垃圾,从不曾批判或贬低过优秀的作品,或从不曾狡猾地对有价值的作品置若罔闻,以转移大众对这些杰作的注意力?可曾有过一家刊物始终认真负责地根据书籍的重要性遴选刊发作品,而不是依据朋友的推荐、同事的情面,甚至出版商的奉承?当读者见到某本书受到高度赞誉或者严厉批评时,只要此人不是毛头新手的话,难道不会近乎机械地去翻看出版商的名字?书评往往是为维护出版商和销售商的利益而非大众的利益。如果真的存在完全摒弃了我在上文所批判的行为的文学杂志,那么每一名糟糕的创作者、每一位无脑的编撰人、每一个抄袭别人著作的剽窃犯、每一个苍白自负的打油诗人，不久将看到他那粗制滥造之作被钉上刑台，他那发痒的手指也将因枷刑而瘫痪。这对文学来说实乃幸事，因为低劣的作品确实有百害而无一益。既然现在的大部分作品都糟糕至极，根本就不应该面世，那么赞誉的声音也应该像批评的声音一样罕见，然而现如今人们受情面左右，所考虑的正如格言所言："抱团赞美，这样，当你离开时，你将再次受到赞美。"我们对社会上无处不在的愚蠢无脑之人，有必要持宽容的态度，但如果试图将这种宽容延伸到文学领域，那绝对是不折不扣的错误，因为在文学领域中，这种人就是厚颜无耻的入侵者，压制他们的劣作是对杰作的一种义务和责任。如果看不出什么是坏的，那么对什么是好的也会无从辨别。通常来说，在文学领域中，源自于社会的礼貌是一种古怪且非常有害的因素，因为社会性礼貌要求人们把不好的说成好的，故而与科学和艺术的目的是直接对立的。当然，我希望看到这样一种理想的文学刊物，而且它只能由这样的人来执笔：他们廉洁、诚实又兼具卓越的学识以及罕见的判断力。照此标准，恐怕整个德国都出不了一本这样的杂志。这样的杂志，它必将成为一个公正的阿雷奥帕古斯[1]，其每一位成员都是由选举产生。然而，现在的文学期刊却是由大学行会或文学集团经营，甚至还有可能是由出版商和销售商为了图书贸易而暗中操纵的。并且，文学期刊里通常会有一些三流作家拉帮结派，联合阻挠优秀的作品崭露头角。甚至歌德也说过："弄虚作假莫过于文坛。"我在《论大自然的意欲》一书中的《生理学和病理学》一文中对这个问题有过详尽的探讨和论述。

因此最重要的是必须取缔匿名，因为这实际上已经成为文学欺诈的保护伞。匿名被引入文学期刊的初衷是为了保护诚实的评论家、公众的监督者，免受作者及其拥趸的愤怒和仇恨。但匿名的做法对无法支持和证明自己言论的匿名者提供了甚于批判者百倍之多的保护，为其开脱了一切责任，甚至还为那些被出版商收买的唯利是图的蝇营狗苟之徒，掩盖了向公众推荐低劣书籍的羞耻。此外，匿名还常常用来掩饰某些批评家的默默无闻、无足轻重和碌碌无为，一旦知道在匿名的掩护下是安全的，这些家伙便无所顾忌，狂妄得令人难以置信。

---

[1] 阿雷奥帕古斯，雅典的一座山，古代雅典城邦的最高法庭和议事会曾设于此处。——译者注

正如有万应的药品，下面是针对所有匿名评论者的万应的反批评，至于他们是吹捧拙劣之作还是贬损优秀之作，都不重要，"报上名来，你这个恶棍！躲在角落里暗箭伤人算什么君子，这是小人的无赖行径！有种就报上名来，你这个恶棍！"这被证实为是有效的。

卢梭[1]在《新爱洛伊丝》的前言中说过："每个品性高尚的人，都应该承认他出版的书，并对其负责。"通俗来讲，就是"每个诚实的人都得给自己的作品署上自己的名字"，一般的肯定命题也可以通过换质位法反转过来。这是多么适用于具有争论性的文章啊，比如大多数情况下的评论！因此，里默在《关于歌德的报道》一书的序言中说："公开的对手是可敬的通情达理之人，是可以与之达成谅解、可以容忍并可以握手言和的。隐藏的对手是卑鄙怯弱的无赖，他没有勇气承认自己是批评作者的人。因此，他的意见与他本人也没什么关系，他只对一种隐秘幽微的快意感兴趣，那就是发泄自己的怨恨而不

---

[1] 卢梭（1712—1778年），法国启蒙思想家、哲学家、教育家、文学家，启蒙运动代表人物之一，代表作有《论人类不平等的起源和基础》《社会契约论》《忏悔录》《新爱洛伊丝》等。——编者注

被人认出。"这可能就是歌德的观点，因为歌德的看法经常通过里默表达出来。但卢梭的规则应当普遍适用于每一行印刷出来的文字。难道我们应该允许一个戴着面具的人在大庭广众之下或者会议上大放厥词？难道我们还应当允许他们攻讦指责他人？他难道不会立即被其他人踢出去？

出版自由在德国一经允许，便遭到了最为可耻的滥用。出版自由至少应以禁止任何形式的匿名和假名为条件，这样，人人都要为自己通过新闻界的大喇叭，所公开说出的话负责，如果他还有荣誉感的话，至少要在荣誉上担责，如果此人已名誉扫地，那他的言论就会被他的恶名抵消掉。匿名评论者攻击非匿名作者显然是不光彩的。一个匿名的书评家，意味着他并不会坚持，自己对他人及他人作品的讲述，或者说隐瞒，所以他才会隐瞒自己的名字。这样的事情是可容忍的吗？没有什么无耻的谎言是匿名评论者不敢使用的，因为他确实无需负责。所有匿名批评的目的都是虚伪和欺骗。正如警察不允许我们戴着口罩在街上行走，匿名写作也不应该被容许。登载匿名文章的文学刊物，就是让无知评判学术、愚蠢评价智慧而不受惩罚的非常之地，是公众被欺骗的非常之地，对低劣作品的吹捧就是骗取公众的时间和金钱，然而欺骗者却不用受到任何惩处。

匿名难道不是所有文学工作者,尤其是评论者无赖行径的大本营吗?因此,这样的大本营必须被彻底推翻,换言之,每一本杂志的每一篇文章都必须署上作者的姓名,而编辑则要承担起核实署名的重大责任。因为再微不足道的人也可以被其居住之地的人认识,如此一来,刊物上三分之二的谎言就会销声匿迹,摇唇鼓舌者的肆意妄行也会有所收敛。最近法国就是用这种方式处理这一问题的。

只要匿名禁令尚未面世,那所有诚实的作家就应该联合起来抵制匿名,就应该时刻公开表达对匿名的极度鄙视。他们应该竭尽所能让人们认识到匿名批评是可耻的、不光彩的。谁要是匿名撰文或者匿名参与争论,都可以被认定为是在试图欺骗读者,或不冒风险地损害他人声誉。所以当我们提到匿名评论者时,哪怕我们只是随口提到他,并没有要找他的错处的意思,我们都应该只使用这样的称呼"这个或者那个怯懦的匿名流氓"或者"在那期刊物上的蒙面匿名恶棍",等等。在提到这些人时,用这种口吻还真是恰如其分,因为只有这样才能让他们对自己的作品不再自鸣得意。一个人只有让我们知道他是谁,让我们知道自己是在跟什么样的人打交道时,他才配得到他人的些许尊重,戴着面具,鬼鬼祟祟又冒失无礼的人,不配获得尊重。更确切地说，这种人是被剥夺了公民权的，他就是一个"无名氏"，每个人都可以指责说，这位无名氏先生是一个恶棍。所以，我们应该马上称匿名评论者为无赖或恶犬，尤其是在反批评上，更要这么对付他们，而不能像某些名誉被玷污的怯弱作者一样，说什么"可敬的和尊敬的评论家"。"一条恶狗，不肯说出他的名字！"这一定是所有可敬的作家们的共同心声。如果现在能有一位无私奉献者，拿掉这个饱受诟病的家伙的隐形帽，扯着他的耳朵将其拖向前来，那么夜猫子一定会为观赏这样的乐事而欢呼雀跃。当诽谤传入我们的耳朵时，最先爆发的愤怒往往伴随着这样的问题："这是谁说的？"然而，匿名者不会给我们任何回应。

这些匿名评论家尤为荒谬无礼的做法，就是他们使用了王室专用代词"我们"，但事实上他们不仅应该只应用单数的"我"，还应极尽谦卑地使用指小词[1]，比如"卑微的我、懦弱狡猾的我、无能的蒙面的我、可怜无赖的我"，诸如此类短

---

[1] 指小词，通常是带有"小"或"微"意的指小后缀，有时有昵称或爱称的含义，缩小或者减轻词根所表达的意义，在口语中使用很多。——编者注

语。这样的自我称呼对于那些蒙面骗子，那些从"地方文学报纸"的黑洞中发出嘶鸣的盲虫而言，再合适不过了，他们的营生必须终结。文学上的匿名无异于日常生活中的物质欺骗，"要么报上名来，要么就闭嘴，你这个无赖！"一定要这样呵斥他们。我们可以立即在每一篇未署名的批评文字末，加上"骗子"二字。这种欺骗营生可能会带来财富，但一定不会带来荣耀，因为当他匿名发出攻击时，"匿名"先生就已经是纯粹的流氓先生了，我们可以以一百比一的赔率打赌：不想公开自己名字的人，其目的一定是为了欺骗公众[1]。只有对匿名出版的书籍，我们才有理由对其匿名批评。总的来说，随着匿名者的消失，文坛上的流氓行径也会消失十之八九。在这项营生被取缔之前，无论何时出现这种情形，我们都应该让操控这些事情的人（匿名批评协会的董事和负责人），为那些在他们手下工作的人所犯下的罪行，负直接责任，并且要用上我们理应对

---

[1] 一开始，匿名评论者就被当作欲行骗的骗子。受人敬仰的文学刊物评论者对此非常敏感，他们会在他们的评论上署名。匿名评论者希望迎合公众或诋毁作家们的声誉，前者往往是为出版商和书商谋利，后者则是为了泄私愤。简而言之，我们必须制止匿名评论者的文学欺诈行为。——原注

他们所采用的口吻和语气[1]。于我而言,我宁愿经营一个赌场或者妓院,也不屑于经营这样一个匿名评论的茅舍。

文风是心灵的外貌,但它比肉身的相貌更为可靠。模仿他人的文风就像给自己戴上面具,无论面具多么美丽,但很快就会变得索然无味、令人生厌,因为它是没有生命力的。所以,哪怕是最丑陋的外貌,只要它是鲜活的,也比面具好得多。因此,那些用拉丁文写作、模仿古人文风的作者,确实就像是戴着面具的人,我们固然听见了他们要说的话,但无法看见他们自己的面貌与文风。但在那些自为思考的作家,比如斯考特斯、彼特拉克[2]、培根、笛卡尔[3]、斯宾诺莎、霍布斯

---

[1] 什么玩意都编辑和出版的人应该对匿名评论者的罪行负直接责任,这跟他自己写的是一个意思,就像工头要对手下工人的工作纰漏负责一样。对这样的人,我们不必客气,是他自作自受。匿名是一种文学欺骗,我们应立即惊呼:"你这个流氓,如果你不承认自己说了别人的坏话,那么就请管好你那毁谤的舌头!"一篇匿名评论就像一封匿名书信般不值一提,应同等地受到怀疑。我们该不会以为借给假名组织领头人一个真正的社会人名字,就能保证他的同伙们都诚实吧?——原注

[2] 彼特拉克(1304—1374年),意大利学者、诗人,被誉为"文艺复兴之父",他以其十四行诗著称,为欧洲抒情诗的发展开辟了道路。——编者注

[3] 笛卡尔(1596—1650年),法国哲学家、数(接下页注释)

等人的著作中，我们却真真切切地看到了作者自身的面貌与文风，因为他们不屑于模仿别人。

矫揉造作的文风就像扮鬼脸。人们写作的语言就是他的民族面貌，不同的民族面貌会表现出巨大差异，从希腊语到加勒比语，都是如此。

我们要善于发现他人作品中的文风错误，以免重蹈覆辙。

要对一个作家的精神作品做出初步评价，并不一定要知道他所思考的题材和他对题材的看法，因为这需要我们通读他的全部作品。相反，首先知道他是如何思考的就足够了。作者的文风准确地反映了其思想的综合素质和基本特征。也就是说，一个人的文风会表现出他所有思想的本质，这一点始终不变，无论他思考的题材是什么，以及他对题材的观点是什么。这就好比他亲手捏制的面团：无论它们的形态如何丰富，其本质都只是面团。当有人向欧伦斯皮格尔[1]打听还有多久才能

（接上页注释）学家、物理学家，西方现代哲学思想的奠基人之一，代表作有《方法论》《几何》《哲学原理》等。——编者注

[1] 欧伦斯皮格尔，相传是14世纪的一个农夫，他四处流浪，每到一处都会做一番恶作剧，他的行为体现了当时下层人民对等级制度的不满和改革的愿望。——编者注

抵达下一个目的地时，他给出了一个看似荒谬的回答："继续走！"，其实他是为了从提问者的步伐观测出提问者在限定的时间内能走多远。同理，一个作者的书我只需翻阅几页，便能粗略知道他对我有多大的帮助。

正是由于暗地里意识到这种情况，所以每一个平庸的作家都竭力掩藏自己特有的自然风格，这迫使他首先放弃所有的纯真，因此，纯真是感受自身优势并因此充满自信的思想者的特权。也就是说，平庸之辈很难按照自己的内心所想去写作，因为他们会怀疑自己的作品会不会显得非常简单和愚蠢，但其实，按照内心所想去写作总还是有一定价值的。因此，只要他们老老实实地写作，将思考过的有限事物按照他的思考朴实地表达出来，这样的文章就仍具有可读性，在特定的范围内，甚至具有教育意义。但事与愿违，他们总是试图表现得仿佛比实际思考的更为深远，因此，他们在表达时，喜欢用矫饰而造作的措辞、冷僻的字眼、复杂冗长的叠句，拐弯抹角，闪烁其词。这类作者在渴望表达与隐藏思想之间犹豫不决，他们想要修饰自己的思想，使其看起来更有学问或更为深刻，如此一来，我们也许会误以为，其中有比我们当时意识到的，更为丰富的内涵。有时，他们用短小的、模棱两可的、自相矛盾的句子将它表达出来，仿佛这样表达，就呈现出了弦外之音（谢林关于自然哲学的著作就提供了这方面的绝佳例子）；有时，他们又会把自己的思想淹没在冗长繁复的词语中，这种啰嗦的方式最令人难以忍受，仿佛需要大量的工夫才能表达出其深奥的意义，但事实上，他们头脑里的思想十分简单，甚至相当琐碎（费希特的通俗著作和哲学手册为我们提供了丰富的例证，至于其他为数众多且不值一提的可怜蠢货就更不用说了）。或者，他们会看中某些自以为恢宏磅礴的风格，比如，会竭力写出一种非常深刻和科学的感觉，而读者常常被其冗赘空洞的复合长句折磨得死去活来（黑格尔的无耻门徒编撰的黑格尔实录《科学知识年鉴》一书，便是最坏的例子）；又或者，他们瞄准了一种聪明而俏皮的笔法，但实际上看上去疯癫十足。这样的例子，真是不胜枚举。他们所有的努力不过是"大山生出小老鼠——无事生非"，往往使人难以理解他们想要表达的真实含义。他们不假思索地写下只言片语甚至长篇大论，却怀着读者能从中有所收获的期许，他们所有类似努力的背后，不过是拼命寻求一种新的手段，将文字当作思想来推销贩卖，或通过新的表达形式，或运用新的字词，或旧词新解，或拼凑、组合短语，以制造出智慧的表象，来弥补他们因缺乏智慧而感到的痛苦。他们为达到这一目的，时而尝试这种手法，时而又尝试另一种手法，戴上代表智慧的面具——这样的表演真令人忍俊不禁。这些手法，在短时间内也许可以欺骗没有经验的读者，但其没有生命力的面具迟早会被揭下，并遭到读者的嘲笑和唾弃，届时，他们将不得不换上一副新面具。我们看见不少作者行文狂热奔放、如痴如醉，但在下一页，转眼就变成了一副倨傲自大、严肃深沉、才识渊博的派头，其佶屈聱牙、拖沓凝滞的文风，像极了已故的克里斯蒂安·沃尔夫[1]——尽管披着现代的外衣。最经久耐用的面具是晦涩难懂，它令人不明就里，但只有德国才吃这一套，它由费希特引入，经谢林完善，最终在黑格尔的手上登峰造极。然而，没有什么比让所有人都如坠云雾的写作更容易的了，同样，也没有什么，比用人人皆能理解的方式阐述深奥的道理更困难的了，不可理解的事物与超智慧的事物类似，但更有可能，不可理解的事物底下隐藏的是故弄玄虚而非深邃的思想。如果作者真有头脑，他是犯不着要这些花招的，因为他有足够的底气以真面目示人，贺拉斯的话，在此

---

[1] 克里斯蒂安·沃尔夫（1679—1754年），德国启蒙哲学家、法学家、数学家。——编者注

可得到确证：

理性敏锐的思考是正确写作的先决条件。

上述作者就像是那些妄图试验一百种不同化合物，以代替黄金的金属工人，而黄金是唯一一种永远无法被代替的金属。其实，作者最应该警惕的莫过于明显地用力展示与自己实际水平不符合的才智，因为这反而会引起读者怀疑作者才疏学浅，因为人们总喜欢在方方面面炫耀自己并不真正拥有的东西。因此，当我们说一个作家很质朴纯真时，我们是在称赞他，因为这意味着他可以自如地展示自己本来的样子。有失自然的事物总是遭人厌弃，而质朴的事物往往惹人喜爱。同样，我们可以看到，每一位真正的思想家都渴望着尽可能纯粹、清楚、明确、扼要地表达自己的思想。因此，质朴，不仅是真理的标志，还是天才的标志。文风的美来自于它所表达的思想，但于伪思想家而言，思想应该通过文风而变美。文风只是思想的剪影，含糊其词或拙劣写作都是思维迟钝混乱的表现。

因此，良好文风的首要规则便是：作者应当言之有物。事实上，仅凭这条规则就已经足够了，求索之路何其漫漫！然而，忽视这一规则，一直以来都是德国哲学著作者和所有思辨学者的一个基本特征，尤其是自费希特时代以来。因此，我们注意到这样一类作者，他们表现出一副不吐不快的样子，但其实无话可说。这种由大学的伪哲学家引入的写作方法，甚至在当代文学大家的作品中也屡见不鲜。它是孕育双重甚至多重歧义句子的，矫揉造作而含糊其词的文风的温床；同样也形成了冗赘淤滞、僵硬呆板的文气，以及滔天洪水般无用的词语；最后还通过风车一般咔哒作响的、令人头晕目眩的、永无穷尽的喋喋不休，以掩饰思想的极度贫乏。这种文字，就算我们读上几个小时，依然无法得到丝毫清晰的表达和明确的观点。在声名狼藉的《哈尔年鉴》即后来的《德意志年鉴》中随处可见这类文章的精选范例。有价值的思想，大可不必用矫揉造作和不自然的表达、复杂的短句以及晦涩的典故加以掩饰。相反，他可以简单、清楚而朴素地表达出来，其表达效果并不会因此打折扣。凡是使用了上述掩饰手段的人，都暴露了其思想、智慧和知识的匮乏。与此同时，德国人的沉着和耐性，已经使他们习惯于逐页翻阅这种无聊文字而对作者的真实意图不求其解，他们误以为这一切都是理所当然，殊不知作者是为了写作而写作。相比之下，一个具有丰富思想的优秀作者很快就能赢得读者的信任：让读者相信他是认真的，他开口是因为的确有话要说。这样，聪明的读者便会耐心、仔细地读下去。正是由于这样的作者确实有内容，所以他总是用最简单且最直接的方式来表达自己的思想，因为他的目的就是唤起读者心中与他自己一样的思想。因此，他可以同布瓦洛[1]一道说出：

我的思想可以随时随地尽情表达，
我的诗歌，无论好坏，总是言之有物。

而同一个诗人所说的"言多必然无物"，正好适用于上述的那些作者。那些作者的另一大特点是，尽可能地避免所有正面的和明确的表达，这样就可以在需要的时候绕开窘境。因此，在任何时候，他们都会选择抽象的表达，而智者则选择具体的表达，因为具体的表达使事物更接近清晰可感，而清晰可感是所有证据之源。证明那些作者喜用抽象词的例子有很多，尤为可笑的例子是过去十年间，德语文章在本该使用"导致、产生（某一效果）"（bewirken）或"（作为原因）引起"

---

[1] 布瓦洛（1636—1711年），法国诗人、文学批评家，代表作有《诗艺》等。——编者注

（verursachen）等动词的地方，人们几乎全都使用了"以……为条件、前提"（bedingen）一词，因为"以……为条件"这一动词是抽象和不确定的词语，有更少具体的含义（其含义只是"非此不行"，而不是"由此""因此"）。所以，抽象词对于那些私下里意识到自己无能，而对所有正面和明确的表达充满恐惧的作者来说，是一扇经常留着的虚掩的小后门，是一件求之不得的方便法器；对于其他人来说，则是跟风的民族倾向在作祟，文学中的每一种愚蠢行为，就像生活中的每一种无理行径，马上就会被人效仿，从这两种罪恶的蔓延势头来看，可见民族跟风的倾向是何等迅猛。英国人无论是在写作上还是在工作上都以自己的判断为依据，而德国人是最称不上如此的。正因如此，在过去十年出版的书中，"bewirken"和"verursachen"这两个词几乎销声匿迹，人们处处都只使用"bedingen"。在此提出这件事，是因为它是上述可笑事情的典型例子。

平庸之辈的作品枯燥无味，甚至可从以下事实得出推断：他们在说话时，总是处于半清醒状态，连他们自己都不能真正理解自己在说什么，因为这些字词是他们鹦鹉学舌照搬过来的。所以，他们更喜欢用完整的短句和成语，而不是将词语组合起来使用。这就是为什么他们的文字会明显缺少清晰的思想印记，而这恰恰是因为他们没有可以留下思想印记的印模，即他们自己的清晰思维。因此，我们读到的只是一些含糊不清的词汇、流行的短语、烂俗的时髦表达[1]，他们写出云山雾罩般的文字，就像用旧字模刻印出来的一纸乱码。相比之下，智者实际上是通过自己的著作在与我们对话，因此，智者的文字能够鼓舞和支撑我们，也只有他们是有意识且有目的地精选、组合单个单词。智者的文风之于平庸作者的文风，就像一幅用油彩绘制的真正画作之于模板印刷画。智者的作品一笔一画皆有深意，而平庸作者所写的一切都是机械的喷印[2]。我们在音乐里，也能观察到这种区别，这是因为天才的作品的共同特点是：每一部分、每一个细节都充满着智慧，如同利希滕贝格所言：加力克的灵魂充盈在他的每一块肌肉间。

---

[1] 生动的词句、新颖的说法和巧妙的表达如同服饰，新款上市，夺人眼球，效果斐然。但随后，人们争相效仿，因此很快就成了烂大街的款式，最后便无人问津了。——原注

[2] 平庸之辈的作品如同刻印的纸张，作者们未经思考就将其写了下来，只有现成的、时兴的套话与辞藻，其他空洞无物。而拥有杰出头脑之人的一词一句无不为作者当下所关心的情景而作。——原注

上述平庸而乏味的作品，大致可以分为两种：一种是客观的，一种是主观的。客观的作品的乏味往往源于其论述的缺陷，源于作者没有足够清晰的观点和见解可供传达。任何具有清晰观点和见解的人，都可以直截了当地达到其目的，即交流。只有这样，他才能够始终向我们展示清楚表达的概念，而不是说些漫无边际、冗赘苍白、混乱不堪且言之无物的东西。在这种情形下，哪怕他的基本思想是错误的，至少他的思想经过了清楚地思考和仔细地推敲，因此，无论如何，他的观点至少在形式上是正确的，也就是说，这样的作品始终具有一定的价值。而客观上乏味的作品，由于其作者根本没有自己的观点和见解，所以作品总是毫无价值的。相比之下，主观的作品的乏味只是相对的，它是因读者对其所探讨的问题缺乏兴趣所致，这种兴趣的缺乏可能是由于读者受限于某些狭隘的观念。因此，对个人来说，即使是一部优秀的作品，在其主观上也可能是乏味的，同样，最低劣的作品，对个人来说，在主观上也可能是有趣的，因为他对所讨论的问题或者对作者本人感兴趣。

如果德国的作家能够意识到：我们应像伟人一样思考，像凡人一样表达——那将是一件幸事。一个人应该用寻常的语言来表达不寻常的事情,但这些德国作家的做法却恰恰相反。也就是说,他们试图用宏大的语言来包裹琐碎的观点,用极其牵强的做作和古怪的词句来表达平庸的思想,他们的句子总是像踩着高跷一样阔步前行。这种醉心于臃肿浮夸、虚张声势、矫揉造作文风的代表人物,就是莎士比亚《亨利四世》(第2部分第5幕第3场)中的旗手匹斯托尔,他的朋友福斯塔夫极不耐烦地对他吼道:"现在,我求你了,像人一样把消息传递出去吧!"对于那些喜欢具体例子的人,我想把下面的广告语推荐给他们:"我们即将出版一本兼具理论性与实操性,集科学生理学、病理学与疗法于一体的专著,探讨一种众所周知的'气胀'现象,在这本专著里,我们将结合它们的存在与本质,内外在成因,以及丰富的表象活动,系统地叙述和说明它们的有机联系和因果逻辑,从而为科学和人类的知识体系做出贡献。此书译自法国作品《放屁的艺术》,德语译本几经勘误,并附有详细的注释与评论。"

在德语中,我们没有与法语"stile empesé"[1](僵硬的文

---

[1] 原文是"stile empesé",但是在现代法语里并没有"stile"这个单词,与"僵硬的文风"意思相匹配的应该是"style empesé"。——编者注

风）精确对应的词汇，但在德国，这种文风并不少见。当这种文风与惺惺作态杂糅一体，出现在书本里时，就如同社交场合中的行为举止狂妄自大、目中无人、扭捏作态一样，令人无法忍受。思想贫乏者喜用这种文风装饰自身，就像生活中，愚人喜欢假正经和拘谨一样。

矫饰造作的文风，如同一个人为了在大庭广众中出风头而盛装打扮，绅士从不屑此道，即便他穿着最褴褛的衣裳。因此，正如人们透过艳丽和挺括过度的服饰将俗人辨认出一样，透过浮华矫饰的文风也能辨认出平庸的作者。

但如果认为写作就是说大白话，那可就大错特错了。相反，每一种写作风格都必须精炼、准确，这也是所有文风都万变不离其宗的原则。所以，大白话式的写作应该受到谴责，而与此相反的写作式说话，亦不可取，因为这会使我们显得迂腐且晦涩难懂。

晦涩、含混的表达，无论在哪种情况下都是糟糕的标志，因为这百分之九十九是来自思想的混沌，而这种混沌又无一例外源于思想的前后矛盾，从而导致了思想本身的错误。当一个正确的想法在脑海中升腾时，它会力求清晰地呈现，且不需要多长时间就能做到这一点，因为清晰的思考很容易找到最恰当的表达方式。一个善于思考的人总是能够找到清晰易懂、没有歧义的词语来表达自己，而那些遣词造句艰涩凝滞、复杂而又模棱两可的人，一定不知道自己想说什么，相反，他们只有一种迟钝的意识，还在为一个想法苦苦挣扎。他们往往想要对自己和他人隐瞒他们确实言之无物的事实，就像费希特、谢林和黑格尔一样，他们总是想要对不曾懂得、不曾思考、不曾说过的事物表现出懂得、思考过、说过的样子。如果一个人有真实、确切的东西要表达，那么他会含糊其词还是清晰地表达？甚至昆体良[1]也说过："专家的话通常都更容易理解也更清楚明了……因此，人越是没本事，说出的话语越是晦涩。"

同样，我们在表达的时候不要让人像猜谜一样，而是要清楚地知道自己想要表达什么。含糊其词的表达方式令德国作家如此无趣和缺乏魅力，除了一些不得不表达的东西，这种东西在某种程度上是非法和禁忌的，这需另当别论。

用力过度往往会产生与预期相反的效果，同理，虽然语言有助于理解思想，但也只在一定范围内。若字词的堆砌超出

---

[1] 昆体良（约35—100年），古罗马时期著名的律师、教育家、修辞学教授，代表作有《雄辩术原理》等。——编者注

限度，就会让所要传递的思想变得更加模糊。对"度"的把握，是文风的难题，也是判断力的要点，因为每一个多余的词都会产生与本意相反的效果。在这一点上，伏尔泰[1]也说过："形容词是名词的敌人。"当然了，许多作者用澎湃的文字洪流掩盖的正是思想的贫瘠。

因此，我们应避免每一个赘语和每一个不值一读的可有可无的插入语。我们应当节约，珍惜读者的时间、精力和耐性，这样我们才能让读者去相信，我们的作品值得被关注，并从其中有所收获。舍弃一些不错的东西，总好过加入无用的废话。赫西俄德的话就适用于这里："一半多于全部。"（《工作与时日》）

总之，不要把所有的话都说完了！"让自己变得索然无味的秘诀就在于什么都说。"因此，如果可能的话，只写要点，只写精华，读者能够想到的一概不写。用很多词语来表达很少观点，无一例外都是作者平庸无奇的标志，相比之下，智

---

[1] 伏尔泰（1694—1778年），法国启蒙思想家、文学家、哲学家，被誉为"欧洲的良心"，代表作有《哲学通信》《路易十四时代》《老实人》等。——编者注

者往往言简意赅。

真理在了无遮掩时,最为美丽;表达越简单,给人的印象就越深刻。这是因为在某种程度上,听(读)者的整个心灵都被真理的直接表达毫无阻碍地占据着,不曾给任何次要的想法留空间,也由于听(读)者会觉得在这里,表达者不曾用花言巧语迷惑、蒙蔽他,他所受到的影响无一不是源于事物本身。譬如,关于人类存在的虚妄与空无,没有比《圣经·约伯记》中的这一段话更令人印象深刻的了:"人为妇人所生,日子短少,多有患难;出来如花,又被割下;飞去如影,不能存留。"因此,比起席勒修辞考究的诗作,歌德天真质朴的诗歌要伟大得多,这也是许多通俗民谣都有着强劲影响力的原因。正如建筑物须谨防过于华丽的装饰,语言艺术也须避免所有不必要的润饰、无用的夸张和一切多余的表达,因此,我们应该尽力追求简洁的文风,赘述终归是负累。简朴与纯真的法则适用于一切优美的艺术,因为简朴与纯真甚至同最崇高的品质也是相互协调的、相互兼容的。

真正简洁的表达在于只说值得说的话,避免对听者(读者)能够自己想到的内容作冗长而复杂的解释,这同样需要区分什么是必要的、什么是多余的。但我们永远不能为了追求简洁明晰而牺牲语法,或为节省字词,不惜破坏思想的完整表达,甚至是模糊和限制复合句的意义,这些都是缺乏智慧的可悲表现。但这正是当下流行的那种虚假的简洁行为,这种简洁即省略有用的、方便的,甚至是在语法和逻辑上必要的东西。如今德国的低劣写手们对这种简洁有着狂热的痴迷,并以一种令人难以置信的愚蠢与荒谬践行着这种简洁。他们为省略个别字词,为达到一石二鸟的效果,让一个动词或者形容词同时服务于几个不同的分句——并且是以不同的含义。这时读者只能不知所云地通读整句,就像在黑暗中摸索前行,直到读完最后一个单词方能见着些许微光。低劣写手们还有许多其他的不恰当的"经济用词法",他们试图用这些方法写出他们以为的精炼表达与简洁文风。这样,在节约一个原本可以立即表达清楚分句含义的单词后,他们却把整个句子弄成了一个谜,读者不得不反复通读整个句子才能解开谜底。特别是他们摒弃分词"Wenn"和"So",而又不得不处处前置动词,却不做一些必要的、对他们的头脑来说过于精细的区分:这样的句式翻转究竟合适与否。其结果不仅常常使得句子生硬造作,还使得句子费解难懂。类似地,还有一个当今世界普遍喜爱的语法错误,举个例子便能一目了然,比如,在表达

"käme er zu mir, so würde ich ihm sagen"（假如他来找我的话，我会跟他说）之类的句子时，那些个不忍直视的句子十有八九会写成："würde er zu mir kommen, ich sagte ihm"，等等。这样的写法不但不优雅，而且还是错误的，因为只有疑问句才能以"würde"开头，一个假设句顶多只能使用现在时，而不能使用将来时。在简洁表达上，他们的天赋只体现在计算单词和想方设法不计代价地删除单词，甚至删除单词的某个音节，他们完全就只是想在这个方面尝试凝练之风与简练之音。因此，任何音节，但凡其逻辑、语法或者音调价值不能为他们迟钝的大脑所理解时，就会被他们干净利落地删掉，而一旦有一头蠢驴完成了这样的壮举，数以百计的蠢驴便会欢呼雀跃，争相效仿！这种愚蠢的行为，竟然在哪里都没有反对的声音，相反，只要有人做出了真正的蠢事，其他人就会称颂并迅速模仿。因而，在19世纪40年代，这些无知的写手为了他们情有独钟的简练，完全摒弃了德语中的完成时和过去完成时，以至于德语中只剩下一般过去时。他们为此付出的代价，不单是表达的精确性和短语语法的准确性的缺失，还有所有常识的缺失，因为他们写出的句子就是在胡说八道。这是所有对语言的破坏中,最为严重的一种,因为它破坏了语言的逻辑,进而破坏了语言本身的含义,这是语言学上的恶行[1]。我敢打赌,在过去十年出版的所有书中,找不到一个过去完成时的句子,甚至连完成时都找不到。难道这些先生真的认为未完成时与完成时表义相同,因而可以不加区分地使用吗?倘若这是他们的观点,那么语法学校的四年级必须有他们的一席之地。如果古代作者写作也是这般随心所欲,又会是怎样一种情形呢?然而,所有报纸和大部分期刊的语言,无一例外地都遭受过这种暴行[2]。正如我前面所提到的,在德国,当文学上的

---

[1] 在当下所有对德语犯下的罪行中,消除完成时并代之以未完成时,乃万恶之首,因为这直接影响了语言的逻辑,破坏了语言的功能,消除了语言的基本特征,使语言的表达与真实意图产生歧义。德语中的完成时与未完成时只能放在拉丁语中该放的位置,因为这两种语言的主要原理相同,即将未完成的、还在进行的动作与已完成的、已经完全存在于过去的动作区分开来。——原注

[2] 在自诩学术的《哥丁根评论》(1856年2月)中,我发现,如果要让句子有任何意义的话,作者必须要使用虚拟过去式,而不是为了所谓的简练,使用未完成式,即使用"er schien",而不是"er würde geschienen haben",对此我的回应是:"可怜虫!"——原注

每一桩蠢事和生活中的每一个无礼举止出现后，都会有无数的效仿者，没有人敢特立独行，因为我们的判断力不佳，而我们的邻人反倒具有判断力，这是一个我无法掩盖的事实。通过对两种重要时态的根除，一种语言几乎沦陷至最为粗糙与粗俗的地步。用未完成时代替完成时，不仅是对德语语法的犯罪，还是对所有语言的普遍语法的犯罪。因此，如果开设一所小学，专门教授未完成时、完成时和过去完成时之间的区别，以及从格与所有格的区别，对德国作家来说一定是一桩好事，因为人们总是毫无禁忌地在需要使用所有格的时候使用从格。例如："莱布尼茨的一生"和"安德烈亚斯·霍费之死"，不应写成"Leibnizens Leben"和"Hofers Tod"，而是要写成"das Leben von Leibniz"和"der Tod von Andreas Hofer"。如果这样的错误发生在别的语言里，人们将会怎么看待？例如，如果一个意大利作者把"di"和"da"（即所有格和从格）混淆了，意大利人会怎么说？但是由于在法语中，这两个助词都是用单调乏味的"de"来表示，而德国作家对现代语言的了解又只局限于那一点点的法语，他们以为自己可以将法语的弱点加在德语上，并且，就像日常的蠢行一样，他们的这一流氓行径还会得到赞许和模仿[1]。出于相同的理由，因法语的贫乏，在法语里介词"pour"得履行四到五个德语介词的职责，所以，那些愚蠢的写手，就在需要用到介词"gegen、um、auf"，或其他介词，甚至在不需要用介词的地方都用上了"Für"，就只是为了跟风和模仿法语的"pour"，甚至事态已经发展到介词"Für"的使用中，六回有五回都是错的[2]。总的说来，

---

[1] "von"的离格（第六格）几乎已经成了所有格（第二格）的同义词，人们误以为用词可随心所欲，长此以往，前者将逐渐取代所有格，人们都将像一个德国的法国人一样写作。这是可耻的，语法失去了所有权威，取而代之的是画符者们的独断专行。德语的所有格由"des""der"表示，"von"表示的是离格。我亲爱的伙计们，如果你们要写的是德语而不是法式德语的话，请牢记这一点！——原注

[2] "Für"一词很快就会成为德语中唯一的介词。人们对介词的滥用已到了无法无天的地步。"Liebe für Andre"（对他人的爱），而不用"zu"；"Beleg für u.s.w"（对……的证明），而不用"zu"；"wird für die Reparatur der Mauern gebraucht"（对修墙所要用到的），而不用"zur"；"Professor für Physik"（物理学教授），而不用"der"；"ist für die Untersuchung erforderlich"（对探究所需的），而不用"zur"；"die Jury hat ihn für schuldig erkannt"（陪审团认定其有罪），"für"在此是多余的；"Beiträge für Geologie"（对地质学的贡献），而不用"zur"；"Rücksicht für（接下页注释）

（接上页注释） Jemanden"（对某人的体谅），而不用"gegen"；"reif für etwas"（某事已准备就绪），而不用"zu"；"er braucht es für seine Arbeit"（他在工作上需要用上那东西），而不用"zu"；"Die Steuerlast für unerträglich finden"（纳税负担已无法承受）、"Grund für etwas"（对某件事的理由根据），而不用"zu"；"Liebe für Musik"（对音乐的爱），而不用"zur"；"Dasjenige was früher für nöthig erschienen, jetzt……"（《邮报》，"早些时候需要的东西，现在……"）。"für nötig finden""für nötig eracten"（视为必需的）无一例外地出现在过去十年的所有书籍和论文中，但在我年少时，哪怕一个六年级的学生都不会犯这样的错误，因为在德语中，这一说法应该写成"nötig eracten"，或者"für nöig halten"。现在，当一个作者需要用到介词时，他会不假思索地用"für"，而不管它到底表达了什么含义。这个介词必须"承担大任"，取代其他所有的介词。"Gesuch für die Gestattung"而不用"um"，"Für die Dauer"而不用"auf"，"Für den Fall"而不用"auf"，"Gleichgültig für"而不用"gegen"，"Mitleid für mich"而不用"mit mir"，"Rechenschaft für eine Sache geben"而不用"von"，"Da für befähight"而不用"dazu"，"Für den Fall des Todes des Herzogs muβ sein Bruder auf denThron kommen"而不用"im"，"Für Lord R.wird ein neuer Englischer Gesandter ernannt warden"而不用"an Stelle,""Schlüssel für das Verständni"而不用"zum,""Die Gründe für diesen Schritt"而不用"zu","ist eine Beleidigung für den Kaiser"而不用"des Kaisers"，" Der König von Korea will an Frankreich ein Grundstück für eine Niederlassung abtreten"（《邮报》）（这句话的意思是法国用殖民地换取了国王的一块土地）。"Er reist für sein Vergnilgen"而不用"zum"，"Er fand es für zweckmäβig"（《邮报》）。"Beweis für"而不用"Beweis der Sache"，"Is tnicht ohne Einfluβ für die DauerdesLebens"而不用"auf"（苏科教授在耶拿），"Für einige zeit verreist!"（"Für"表示"pro"，只能适用于拉丁语中"pro"一词可以用的地方。）"Indignation für die Grausam—keiten"而不用"gegen"（《邮报》）。"Abneigungfür"而不用"gegen"，"Für schuldig erkrnnen"与"erklären, ubiabundat"（此处"für"是多余的）。"Das Motive da für"而不用"dazu"，"Verwendung für diesen（接下页注释）

（接上页注释）zweck"而不用"zu"，"Unempfindlichkeit für Eindrücke"而不用"gegen"。标题"Beiträge für die Kunde des Indischen Alterthums"而不用"zur"，"Die Verdiensle unsers Königs für Landwirthschaft, HandelundGewerbe"而不用"um"（《邮报》）。"Ein Heilmittel für ein Übel"而不用"gegen"。"Neues Werk: das Manuskript da für ist fertig"而不用"dazu"，"Schritt für Schritt"，每个人都是这样写，而不用"vor"，使得这种用法毫无意义可言。"Freundschaftliche Gesinnung für"而不用"gegen"，甚至"Freundschaft für Jemand"也是错误的，应该用"gegen"才对。在德语中，介词"gegen"表示"相反"，也表示"对方"，"Unempfindlichkeit für den Schmerzensruf"而不用"gegen"。"Er wurde für todt gesagt! für wüeh dig erachten, ubiabundat"（此处"für"是多余的）。"Eine Maske erkannte er für den Kaiser"而不用"als"，"für einen Zweck bestimmt"而不用"zu"，"Da für ist es jetzt noch nich tan der zeit"而不用"dazu"，"Sie erleiden eine für die jetzige Kälte sehr harte Behandlung"而不用"bei"，"Rücksicht für Ihre Gesundheit"而不用"auf"，"Rücksicht für Sie"而不用"gegen"，"Erforderniss für den Aufschwung"而不用"zu"，"Neigun gund Beruf für Komödie"而不用"zur"。最后两个短语竟然出自同一位著名的德语语言文学研究者之手（J.格林，《关于席勒的演讲》，根据1860年1月《文学报刊》所刊登的节选）。——原注

把类似于法语这样的，黏合起来的语言中的贫乏语法，引入到德语中，是极为有害的法国化。但是，这并不像一些狭隘的纯粹主义者所误以为的那样：引入的外来词汇，就会被本土语言吸收，丰富本土语言。德语词汇几乎有一半是来源于拉丁语，但哪些单词取自罗马人，哪些又是从梵文——伟大的母语——习得，依然存疑。为德语作者而设的语言学校可以设置一个有奖问答，比如阐述清楚以下两个问题的区别："Sind Sie gestern im Theater gewesen？"（您昨天到剧院了吗？）和 "Waren Sie gestern im Theater？"（您昨天在剧院吗？）。

日益普遍错用"nur"一词，为我们提供了不当简洁的又一例子。众所周知，"nur"一词的含义是有明显局限的，表示"仅仅""不多于……"，不知道是谁第一个用它来表示"不外于……"的意思，这完全是不同的含义了。但是由于有节省字词的好处，这个错误立即得到了最热情的模仿，以至于这个词的错误用法现已成了常态——尽管在这种情况下，作者所表达的与他想要表达的截然不同。例如，"Ich kann es nur loben"（我只能赞扬它）——就是说我不能奖励它，仿效它；"Ich kann es nur missbilligen"（我只能反对它）——就是说我不能惩罚它。还有就是，很多形容词现在普遍被用作副词，例如

"ähnlich"（相似的，类似的）和"einfach"（简单的，简朴的），虽然这样的副词用法以前可能也有过一些例子，但在我听来，始终是刺耳的，因为无论在哪种语言中，我们都不允许把形容词当副词用。假如一个希腊作者写出"oμoιoξ"（同样的）而不是"oμoιψξ"（以同样的方式），写出"απλouξ"（简单的）而不是"απλψξ"（以简单的方式），人们又会有什么样的看法呢？或者在其他语言中，某个人用这种方式进行写作：

similis		similiter
simplex		simpliciter
pareil		pareillement
simple	代替	simplement
like		likely
simple		simply
somigliante		somiglianlemente
semplice		semplicemente

只有德国人毫不客气地，依据自己的谵妄、狭隘和无知来对待语言，而这种做法与其民族的精神面貌是相吻合的。

这不是什么小事，这是毫无价值的写手对语法和语言精神的破坏，而又无人提出异议。那些本该提出异议的所谓学者、受过高等教育的知识分子，却在争相仿效这些作者。这是一场比瞎和比聋的竞赛，已然使德语完全陷入口角纷争之中，每个人都急于抓住什么，每个胡乱写一通的可怜虫都想往上扑。

我们应该尽可能地区分形容词和副词，因此，在表达"sicherlich"的意思的时候就不能写成"sicher"[1]。通常说来，我们不能为了简洁而牺牲表达的清晰与精准，因为正是清晰与精准赋予一种语言价值，唯有凭借这些，语言才能成功无误地，表达出某一思想的每一个细微差异与变化，如同让思想穿上一件湿漉漉的衣裳，而不是像装在套子里。正是清晰与精准构成了优美、有力、凝练的文风，进而成就了古典作家。通过切除前缀和词缀，去掉区分副词和形容词的音节，省略助动词，用未完成时代替完成时，这种对语言的曲解与分割，使表达的清晰和精准丧失殆尽。所有这一切做法，仿佛是一种偏执

---

[1] 写成"sicher"而不是"gewiss"："sicher"是形容词，其副词形式为"sicherlich"，"sicher"不能代替"gewiss"作副词用，但现在到处都是这么用的，不讲根据。只有德国人和霍屯督人才会这么干，把"sicherlich"写成"sicher"，又在该用"gewiss"之处乱用"sicher"。——原注

的狂热，攫住了德国人的每一支笔，每个人都唯恐落于人后，不敢提出任何形式的反对，如此无脑的做法，在英格兰、法国和意大利，永远都不可能风行。这种对语言的切割，如同把珍贵的材料切成碎片，以便包装得更为牢固，这样，语言就会沦为令人费解的不堪的粗话，而德语也将很快沦落至此。

这种对简洁的错误追求，最突出地表现在对个别单词的删减上。按日结算工钱的出书人，无知得令人发指的文人和唯利是图的报纸撰稿人，尝尽各种方法删减德语单词，所有的一切，都只是为了他们所钟爱的、所理解的简洁。在这些尝试中，他们活像那些急躁的口齿不清之徒：为了在短时间内一口气说得更多，吞咽下字母和音节，他们气喘吁吁，结结巴巴地吐出句子，有些单词甚至只发了一半的音。同样，这些写作者为了把大量的内容塞进一个很小的空间里，于是在单词中间删掉字母，在单词的开端和结尾删掉整个音节。也就是说，有助于韵律、发音和悦耳的双元音和延长了的—h全部被删掉，这样一来，但凡能删掉的不能删掉的，就都被删掉了。这些肆意的毁坏者和狂热的单词切片机，将目标瞄准词尾音节"ung"和"keit"，是因为他们无法理解和感知这些音节的意义和重要性。他们笨重的脑袋无法察觉，我们的祖先们在遵循本能组成语言时，运用音节变换的那种细腻心思。通过"ung"，一般能将主体行为与客体对象区分开来，而通过"keit"，则大多表达了持久的、永恒的品质。例如，前者的例子是："Tötung"（谋杀）、"Zeugung"（生育）、"Befolgung"（遵守）、"Ausmessung"（测定），等等；后者的例子有"Freigebigkeit"（慷慨）、"Gutmütigkeit"（好心肠）、"Freimütigkeit"（坦率、正直）、"Unmöglichkeit"（不可能）、"Dauerhaftigkeit"（持久性），等等。我们只需要比较一下这三个词，"Entschließung"（决定、决议）、"Entschluß"（决心）和"Entschlossenheit"（坚毅）。但由于太过愚蠢而无法认清这些，我们当代的粗糙语言改进者竟然写出了"Freimuth"（坦率），他们也应该写出"Gutmut"和"Freigabe"才对啊，还有就是应该写"Ausführ"而不是"Ausführung"，"Durchführ"而不是"Durchfü-hrung"。"Beweis"（证据）一词是正确的，但那些痴呆将之改良为"Nachweis"则是错误的，而应该是"Nachweisung"，因为"Beweis"是指某种客体（客观）的东西，如"mathematischer Beweis"（数学证据）、"faktischer Beweis"（实际证据）、"unwiderleglicher Beweis"（不可否认的证据）等，而"Nachweisung"则表示某种主观的事物，是源自主体的事物，是"证明"（Nachweisen）的行为。通常，他们在写"Vorlage"时，所表达的含义并不是这个词本身所指的"提交的样品"，而是指提交行为，即"Vorlegung"，这当中的区别与"Beilage"（附件）和"Beilegung"（调停）、"Grundlage"（基础）和"Grundlegung"（奠基）、"Einlage"（附件）和"Einlegung"（放入）、"Versuch"（试验）和"Versuchung"（试探、诱惑）、"Eingabe"（呈文、申诉文）和"Eingebung"（突发灵感）、"Zurückgabe"（复原）和"Zurückgebung"（退回）及许多其他相近单词类似[1]。甚至法院也认可这些被损毁的语言，法院不仅使用"Vorlage"（草案、样品）而非"Vorlegung"（呈送），还使用"Vollzug"（执行）而非"Vollziehung"（执行），并且命令要以"in Selbstperson"出现，即要以本人（in eigener Person）而不是以他人的身份出现[2]。

---

[1] "Zurückgabe"代替了"Zurückgebung"，类似的例子还有"Hingebung、Vergebung、Vollzug"代替了"Vollziehung"。"Gabe"是给予的物体，"Gebung"是给予行为，这些是语言在词汇方面的细微改良。——原注

[2] 法院传票使用"Ladung"（装载）而不是"Vorladung"（传讯），但只有枪支和船只才能填入、装载（Ladung），宴会发出邀请（Einladung），而法庭只会发（接下页注释）

当我们看到报纸作者撰稿报道"Einzug einer Pension"时，不必感到惊讶，他的意思其实是"Einziehung"，即"取消退休金"，也就是说"退休金将再也不能入场了"。这是因为，德语表达彩票抽奖用"Ziehung einer Lotterie"，但表达一支部队的列车则用"Zuge eines Lotterie"，这种语言智慧他完全无法理解。但我们又能对一个报纸作者期待些什么呢——甚至当颇有学问的《海德堡年鉴》（1850年第24期）也在说"Einzug seiner Güter"（没收他的财产）时？不管怎么说，他们也许还能有借口，因为只有一个哲学教授是这样写的。奇怪的是，我还没有发现用"Absatz"取代"Absetzung"，"Empfang"取代"Empfängniss"，或者甚至用"die Abtretung Hauses"取代"Abtritt dieses Hauses"的情况，因为这样做才是前后一致的，这样的语言改革者也是令人尊敬的，并可能带来令人愉悦的误

（接上页注释）出传票（Vorladung）。法院应该牢记，他们的判决声誉掌握在他们自己手中，因此，他们不应该轻率愚昧地妥协。在英国和法国，人们在这方面表现得更为谨慎，人们总是坚守着传统的法律文书风格。所以，几乎每一项法令都是以"Whereas"（鉴于……）或者"Pursuant to"（依据……）作为开头。——原注

解。但在一份订阅者众多的报纸上，我的确发现，并且多次发现"Unterbruch"代替了"Unterbrechung"，这样一来，人们可能会被误导，以为这里指的是普通的"疝气"而不是"腹股沟疝"。事实上，报纸最没有理由去删减字词，因为篇幅越长，占据专栏的版面就越多，如果这是通过无害的音节来实现的，报纸反而可以更少地向世界传播谎言。严肃地说，我必须提请大家注意这样一个事实：在阅读者中，十有八九之众，除了报纸什么都不读，因此，他们几乎无法避免地，以报纸的拼写、语法和风格为榜样，以他们的天真，甚至会误以为这种语言的残缺不全就是简约的表达、轻灵的典雅以及对语言机敏而微妙的改良。的确，由于报纸是印刷品，它通常都会被蒙昧阶层的年轻人视为权威，因此，严格来说，出于国家需要，报纸应确保在语言方面毫无纰漏。为达到这一目的，可以任命一名监察员，不领薪水，只要报纸作者的作品中每出现一个残缺的单词，或优秀作者不曾使用过的单词；每出现一处语法错误，甚至仅仅是句法上的错误；每出现一个组合不当或者含义混淆的介词时，监察员就可以向他们收取一个金路易的罚款，但那些放肆藐视一切语法规则的狂徒、那些用"hinsichts"代替"hinsichtlich"的三流写手，应当罚他们三个金路易，如若重犯，则加倍处罚。平庸之辈应该循规蹈矩，而不应妄想去改革语言，还是说德语是被剥夺权利的、微不足道的一种语言，不值得享有连粪堆都享有的法律保护？可怜的菲利斯特人[1]！如果蹩脚写手和记者仍保有自由裁量权，可以依据自己的心血来潮和贫瘠的理解，随心所欲地折腾德语，那么德国语言究竟会变成什么样子？然而，我们所担忧的危害绝不仅仅只局限于报纸，它们还普遍存在于书籍和学术期刊之中，人们以同样的狂热不假思索地破坏着语言。我们会发现人们毫无顾忌地删除词语的前缀和后缀部分，比如，"Hingebund"变成了"Hingabe"[2]，"Missverständnis"变成了"Missverstand"，"Verwandeln"变成了"Wandeln"，"Verlauf"变成了"Lauf"，"Vermeiden"变成了"Meiden"，"Berathschlagen"变成了"Rathschlagen"，"Beschlüsse"变成了"Schlüsse"，"Aufführung"变成了"Führung"，"Vergleichung"变成

---

[1] 菲利斯特人，德语独有的词汇，指"被女神缪斯疏远的人""庸人"。——译者注

[2] 我们可以说："Die Ausgebung der neuen Ausgabe wird erst über acht Tage stattfinden."（新版的出版时间不会超过八天）——原注

了"Vergleich"，"Auszehrung"变成了"Zehrung"，以及其他不计其数的这种把戏，甚至还有更为恶劣的。即使是在一些学术著作中，也能发现这种潮流，例如，列普修斯[1]的《埃及人年表》（1849年）是这样写的："Manethos fügte seinem Geschichtswerke—eine Übersicht—nach Art Ägyptischer Annalen, zu"（马内托斯为他的历史著作，根据埃及编年史的方式，补充了一个概要），为了节省一个音节，将"hinzufügen"（补充）写成了"zufügen"。这些先生在使用闪米特语和科普特语前，还是应该先正确地理解德语。当下所有的蹩脚作者都在用随意删去音节的笨拙方式来糟蹋德语，而这种破坏一旦造成便难以修复。这样的语言"变革者"，无论是谁，都必须像学校的孩子一样受到惩戒。每一位善意的有识之士都应该站到我这边来，为了保护德语，应该共同抵制德国人的愚蠢。像德国胡乱写作的人所热衷的肆意粗鲁无礼地对待语言的行为，要是发生在英国、法国、意大利（意大利甚至还有令人羡慕的"保

---

[1] 列普修斯（1810—1884年），德国考古学家，由于他的研究成果显著，考古学进入了科学发掘文物并记录相关历史信息的新时代。——编者注

护意大利语学院"），他们又会被怎样对待呢？举个例子，我们看到在《意大利古典作品集成》里，编辑在审阅《切尼尼的一生》一书时，丁点偏离纯正托斯卡纳语的差错都不放过，要是有一个字母出错，编辑立马会在脚注里予以批评。《法国道德学者》（1838年）的编辑也同样如此。比如，针对沃弗纳尔格[1]所写的一句话："ni le dégoûtn'est une marque desanté, ni l'appétit est une maladie"（厌食既非健康的迹象，有胃口也不是疾病，《随想与格言》），编辑就指出此处应该是"n'est"，而不是"est"。这要是换作德国人，想怎么写就尽管写好了！如果沃弗纳尔格写了"la difficulté esta les connaître"（困难就在于认识它们），那么编辑会表示："我认为应该是'de les connaître'。"在一份英语报纸上，我看到某位演讲者受到了严厉的指责，因为他说了"my talented friend"（我的天才朋友），而这并不是标准的英文表达。其他国家对待他们的语言是如此严格，相比之下，德国的每一名胡乱写作者，都无所顾忌地生编硬造离谱的词语，且不会在报纸上受到任何谴责，反

---

[1] 沃弗纳尔格（1715—1747年），法国作家，唯一的著作是《认识人类精神导论，附感想录及格言集》。——编者注

而会收获众多拥趸。没有一个作者，即便是最为吝啬的胡乱写作者，在强加给一个动词从来不曾有过的含义时，会有丝毫迟疑，只要读者绞尽脑汁后能够猜中强加的含义，这种做法就会被认为是一种创意，就会有人追随模仿。傻子们毫不考虑语言的语法、惯用法、含义和常识，只管随时记下脑子里一闪而过的想法，并且认为越离奇越疯狂就越好！我刚刚就读到了"Centro—Amerika"而不是"Central—Amerika"——又一个以牺牲语言力量为代价，省略字母的例子！这意味着德国人在所有事情上都痛恨规则、法律和秩序，他们独断专行，喜欢以个人好恶寻求某种荒谬的合理性。因此，我怀疑德国人能否学会在大街、公路和小路上始终靠右行走，就像每一位在英国以及英国殖民地的英国人一样——无论遵守这个规则有着多么巨大而明显的好处。甚至在俱乐部和其他社交场合，我们也可以看到，很多人多么喜欢恣意妄为，破坏最适合社会的准则，尽管这种破坏并不能给自己带来任何方便与好处。歌德说过：

凡人听从欲望而活着，
高贵的人为律法和秩序献身。

——《译稿》第17卷第297页

这种狂热是普遍的：所有人都在冷酷残忍地毁坏语言，事实上，但凡能删掉一点词语，不管在什么地方、无论用什么方式，每个人都一定会删掉一点——就像出门打鸟一样。在这个时代，在德国，没有一位在世作家的作品展现出了不朽的可能，因此，出版商、写作匠和报纸作者都有胆改革德语了。因此，我们现在所看到的这一代人，尽管他们蓄着胡须，却都是性无能，也就是说，他们没有能力创造出更高层次的思想作品，他们把闲暇时间都用于肆意无耻地损毁众多伟大作家曾使用过的语言上，以便为自己，建立一座如黑若斯达特斯[1]一样，声名狼藉的纪念碑。如果说，过去的文学大师对德语的个别地方做出过某些深思熟虑的改进，那么现在，每一个胡乱写作、每一个报纸作者，甚至每一个地方文艺小报的编辑，都认为自己有权利将自己的爪子伸向语言，由着自己的性子，删除不为他所喜的东西，或者插入新词。

[1] 一个古希腊年轻人，为了能"名垂青史"，纵火烧毁了亚底米神庙。他自豪地承认了自己的罪行并声称自己是为了名留史册，而最终如他所愿，他的名字与亚底米神庙一起留在了历史上。因此后人多用"黑若斯达特斯"指代那些热衷于追逐名声的人。

正如我前面提到过的，这些狂热的"单词修剪器"，主要针对的是词语的前缀和后缀。当然，他们想要通过删减达到简洁的效果，从而使表达变得更有内涵而又富于张力，毕竟如果只是为了节约纸张的话，意义不大。因此，他们会尽可能地压缩自己想要说的话，然而，想要达到这个目的，并不是靠逐步蚕食单词，而是需要一种简明扼要的思维能力，但这恰恰是他们所缺乏的。此外，只有当语言中的每一个概念都有一个词与之相对应时，每一个概念的变化甚至是细微变化都有词的变化与之精确对应，语言达到令人信服的简洁，被有力连贯表达才有可能被实现。因为只有正确运用了字词及其变化形式，才能让每一段话一经表达，就能在听者心中精确地唤起讲话者所要表达的思想，而不会有片刻游离，更不会对表达的含义存疑。为了达到这一目的，语言中的每一个词根都必须能够做出相应的变化，方能符合概念的所有细微差别，从而体现出每一个想法的微妙和优雅，就像一件湿漉漉的紧身衣。而这些之所以能够得以实现，主要仰仗于单词的前缀与后缀，它们是语言键盘上每一个基本概念的变奏。因此，希腊人和罗马人通过对词的前缀的运用，获取了几乎所有动词和名词微妙而隐晦的含义变化。拉丁语中的每一个主要动词都可以提供这样的例子，比如：动词"ponere"可以变成"imponere、deponere、disponere、exponere、componere、adponere、subponere、superponere、seponere、praeponere、proponere、interponere、transponere"，等等。这种情况在德语中亦有出现，如名词"Sicht"（视野、观点）可以变成"Aussicht（眺望）、Einsicht（眼力、认识）、Durchsicht（审阅、检查）、Nachsicht（醒悟）、Vorsicht（预见、谨慎）、Hinsicht（方面）、Absicht（目的）"，等等。还有动词"suchen"（寻找）可以变化成"Aufsuchen（搜寻）、Aussuchen（挑选）、Untersuchen（调查）、Besuchen（探访）、Ersuchen（请求）、Versuchen（试图）、Heimsuchen（打击）、Durchsuchen（搜索）、Nachsuchen（追踪）"等[1]，这就是前缀的作用。如果为了简洁，我们省略它们，在任何地方都只说"ponere""sicht"或者"suchen"，而不是上述的变化词语，那么，一个非常广泛的基本概念，其所包含的细微的限定都将无从标示，天知道读者会对它们作出何种解

---

[1] "Führen"一词可衍生出："mitführen、ausführen、verführen、einführen、aufführen、abführen、durchführen"。

——原注

读。这样一来，语言就会变得贫乏、生硬和粗糙，而这些正是那些"现代"聪明机敏的"语言改革者"的伎俩，他们真的就全然愚昧而无知地以为，我们睿智且善于思考的祖先，纯粹是出于无聊和愚笨，才会写下这些前缀？只要看到这种词汇，他们就会急不可耐地删去前缀，且自以为这是天才的举动。语言中不存在无意义的前缀，每一个前缀都在词汇的千变万化中承载着基本概念，也正是通过这种手段，表达才具备清晰、准确和优雅的可能，然后才可以变得充满力量和意味深长。相比之下，删减多个单词的前缀，会造成只有一个单词可用，词汇也会因此而变得匮乏，更糟糕的是，在这种方式下，消失的不仅仅是单词，连同它们所表达的概念也一并失去了，因为我们缺乏固定这些概念的工具，我们的谈吐甚至是思考，只能满足于近似和大概，由此，我们便失去了语言的力量与思考的明晰。通过删减单词前缀而减少词汇数量的同时，我们不得不扩展剩余单词的含义，单词含义的扩大，则无法避免对其精确性与具体性的剥夺，结果就是不可救药地陷入歧义与混乱之中，这样一来，准确和明晰已绝无可能，力量与内涵更无从谈起。我已经谴责过的，"nur"一词含义的拓展就是一个例证，它的出现马上会引起歧义，有时候甚至会导致错误的表达。如果能把它的概念定义得更明确、更清楚，单词多出两个音节又何妨？我们有可能相信，一些头脑扭曲的人为了节省几个音节，会在表达更"Indifferentismus"（冷淡态度）的时候写成"Indifferenz"（冷淡）吗？

这些承载着词根运用时的所有变化与细微差别的前缀，是使表达更清楚、明确，进而使语言变得真正的简洁、有力和生动的，不可或缺的手段。词的后缀，即由动词演变成名词的不同形式的尾音节也同样如此，比如前文提过的"versuchen"（尝试）变成"Versuchung"（诱惑）就足以说明。因此，单词转换与概念变化的这两种方法已经被我们祖辈非常审慎、直观而睿智地铭刻在语言与单词上。然而，到了我们的时代，后继者却是一群粗鲁、无知、无能的胡乱写作者，他们沆瀣一气，糟践词语，以毁坏古代艺术品为业。这些厚颜无耻之徒，当然不会对旨在表达幽微细腻的思想而设的工具，有丝毫感觉，但他们却生来精于计算字母。因此，如果让这样的无耻之徒在两个单词之间做出选择：一个单词通过前缀和后缀精准对应所要表达的概念或想法，另一个单词只是粗略和大概地加以表达，但少了三个字母——他们会毫不犹豫地选择后者，只用满足于词义的"大概、差不多"。他们的思想无需精炼，因为其思维本身就是笼统而杂乱的,他们只需越少的字母越好,因为表达是否简洁有力,语言是否优美,就取决于这几个字母!举个例子,假如他们想要表达的是"so etwas ist nicht vorhanden"(某些东西是不存在的),他们会说成"so etwas ist nicht da",这可真是绝妙的字词省略。他们的首要准则是,宁可牺牲表达的恰当与精确,也要简短。因而,必然会逐渐产生一种极端薄弱且在本质上语意模糊的俗语,这样,与欧洲其他国家相比,德国人的唯一优势:语言——就被肆意地消耗殆尽了。也就是说,德语是唯一一种可以和希腊语、拉丁语比肩的语言,但如果对欧洲的其他主要语言作此赞誉,就未免滑稽可笑了,因为它们不过是方言土语而已,所以,与欧洲的其他语言相比,德语有一种不同寻常的高贵的、崇高的气质。那些厚颜无耻之徒又怎么会对德语的微妙本质有所感觉呢?那些珍贵而敏感的德语材料,传递给善于思考的头脑,以便人们获取并保存精确而美好的思想,但是"数字母"却是厚脸皮们最爱做的事情!看看!这些"当代"高贵的子孙是如何醉心于毁坏语言的!看看他们!看看他们那光秃秃的脑袋、长长的胡子,他们戴着眼镜却没长眼睛,禽兽一般的嘴里叼着雪茄以代替思想,穿着麻袋一般宽大的夹克而非外套,游手好闲不思进取,骄矜傲慢却胸无点墨,党同伐异却无半点功勋[1]。高贵的"当代",绝妙的模仿者,由黑格尔哲学奶大的一代人!你们妄图将爪子伸进古老的语言中,好让你们枯燥浅薄的存在痕迹如化石脚印一般,得到永久的保存和纪念。"上帝保佑!"滚蛋吧,你们这群无耻之徒!这是德语,人们用这种语言表达自己,伟大的诗人用这种语言吟唱,伟大的思想家用这种语言写作!把你们的爪子拿开!否则你们将被饿死!(这是唯一能够吓唬住他们的事)

标点符号,也沦为了备受谴责的"当代"孩子们糟践语言的牺牲品,这些人过早地从学校逃离,在无知无识中长大。时至今日,标点符号被故意胡乱应用,已成常态。这些乱写一通的人究竟在想些什么,很难说得明白,可能他们把这种漫不经心的愚蠢做法,当作法国人那种可爱、轻盈的文风表达,或者是自以为这样易于阐释。在印刷出来的文字里,人们视标点符号如金子,因此,四分之三的逗号都被省略了(如果可以的话,就让读者自己去琢磨句子的意思吧),但在本该用句

---

[1] 约四十年前,天花夺走了五分之二儿童的生命,也就是说弱者的生命被夺走,留下的都是经过残酷考验的强者。但疫苗却保护了前者。看看那些在你们双腿之间跑来跑去的长着胡子的侏儒,他们的父母全靠疫苗的恩赐得以存活!——原注

号的地方，却只有逗号，或最多用分号，等等。这样做的直接后果就是每个复合句，我们都得读上两遍才能明白他所要表达的含义。其实，标点符号是复合句逻辑的一部分——只要句子是根据逻辑进行标点的。这种故意为之的疏忽，无疑是亵渎，最严重的是，那些语文学家在处理古老作家的著作时，也如平常一般草率地使用标点符号，使得这些版本变得极其难以理解，就连新版《新约》也未能幸免。如果你们不惜靠删除音节、计算字母而达到简洁，目的是为了节省读者的时间，那么就应该用恰当的标点符号，让读者对哪些单词属于哪个分句一目了然[1]。显然，标点符号的散漫运用在法语中是被允许的，因为法语有着严密的逻辑，和因此紧密连接的语序，在英语中得以允许是出于其贫乏的语法，但这样的行为不适用于古老的语言，因为古老语言本身有着复杂而科学的语法，使得

---

[1] 文法学院的教授在拉丁文简章中省略了四分之三的必要逗号，使得他们那原本就粗陋凝滞的拉丁语变得更加难以理解。看看这些蠢货对这个主意多么自鸣得意！漏用标点符号的真实范本就是由辛特尼斯编辑的《普鲁塔克》，里面的标点符号几乎全部被省略，似乎就是为了增加读者的理解难度。——原注

巧妙的复合句成为可能，这些古老语言就是希腊语、拉丁语和德语。

现在，回到我们真正讨论的，简洁明了而蕴意深刻的表达上。事实上，简洁明了而蕴意深刻的表达，只是思想丰富而有内涵的结果，所以最不需要无耻地删减词语和短语，以缩略语作为表达手段，在此，我对使用这些手段的人给予适当的谴责。因为有分量的、丰富的思想，以及那些通常值得被记录下来的想法，必然能够提供足够的材料与内容，让表达这些思想的复合句，即使在语法和词汇皆已完整的情况下，也能变得更加丰满，永远都不会被认为空洞、虚浮和乏力，相反，思想在言简意赅的措辞中陈述，得到了通俗而恰当的表达和优雅的铺陈延展。因此，我们不应该缩略词语和语言的形式，而应该拓宽我们的思想。同理，一个正在康复中的人，无需将他的衣服裁剪得更小，他只需恢复丰满的身形，就能重新穿上之前的衣服。

时至今日，随着文学状态的低迷与退化，以及对古老语言的忽视，文风（文风主观性）中的错误日益普遍，但这只是德国的土特产。文风的主观性，在于作者明可将自己所想表达的思想清楚地表达出来，却任由读者绞尽脑汁地去猜谜。这类作者并不关心读者，本该是一场作者与读者的对话，但他们的写作如同一场独白，事实上，他必须更清楚地表达自己，因为他是无法听到读者所提出的问题的。出于这个原因，文风更不应该是主观的，而应该是客观的，写下来的文字应该让读者能够直接准确地思考作者的思想内容。但这也只有在作者始终牢记，思想也遵循万有引力定律的情况下，才能实现，因为思想从头脑中抵达纸张，要比从纸张进入头脑容易得多，所以在这个过程中，作者应穷尽一切手段以帮助思想表达。如果作者做到了这一点，那么他写出来的文字就能产生纯粹的客观作用，就像一幅已完成了的油画作品。而主观性的文风不比墙上的斑点更具有确定的效果——只有偶然被激发想象力的人才能看见图形，余者所见不过只是斑点而已。我们所讨论的差异扩展到了作者整体语言的表达方式，在特殊例子中，这种差异往往是可追溯的。比如，最近我在一本新书中读到这样的句子："为了增加现有书籍的数量，我并没有写作"，这句话与作者的本意"我写作并非是为了增加现有书籍的数量"背道而驰，且毫无意义。

　　漫不经心的写作者，从一开始就承认了自己的思想没有多大价值。因为只有当我们确信自己的思想饱含真理且非常重要时，不可或缺的热情才会被激发，这时我们才会下定决心，坚持以最清楚、最优美以及最有力的语句将其表达出来，就像我们只有在放置圣物或者贵重的艺术品时，才会选用金银器具一样。古人的思想在文字中存活了千百年，被誉为"经典"，正是由于他们审慎而细致的写作。据说柏拉图的《理想国》，光序言部分就修改了七次，每一次都做了大幅改动。德国人，以其粗枝大叶的文风和着装风格，与其他国家的人迥然不同，而这两种邋遢懒散都源自同一民族性。就像衣冠不整暴露出对社交伙伴的不敬，而草率粗糙、马虎拙劣的文风也同样是对读者的冒犯，拒绝阅读这种书籍，是读者对作者的合理惩罚。那些书评人尤为可笑，他们以最粗陋轻率的笔法批判别人作品的模样，就像一个人穿着睡衣和拖鞋端坐于法庭之上。相比之下，英国的《爱丁堡评论》和法国的《知识分子杂志》上所刊登的文章写得多么严谨啊！正如当我看见一个衣着褴褛不堪的人时，会犹豫是否要同他交谈，同样，当我被一本用粗枝大叶的风格写成的书震惊时，我也会立刻将其扔到一边。

直至大约一百年前，学者们，尤其是德国的学者们，都用拉丁语写作，在拉丁语中，若是有丁点语言失误都会被认为是耻辱。但大多数人都渴望写出优雅的拉丁语，而许多人也都成功地做到了这一点。挣脱拉丁语的枷锁，在可以用自己的母语方便地进行写作以后，本以为他们会竭尽所能将文章写得更为准确和优雅，法国、英国和意大利的情形也的确如此，但德国恰恰相反，人们就像是被支付佣金的下人一般，匆忙胡乱地记下要说的话，未经洗漱的嘴里吐出的词句直接见诸笔墨，既无文风，又无语法逻辑可言。在该用完成时和过去完成时的地方，都用了未完成时，在该用第二格的时候却用了第六格，永远用介词"für"代替所有介词——这一用法十有八九都是错的，总而言之，我在上文提到的所有愚蠢的文风毛病，他们都有。

我认为，人们越来越普遍地误用"Frauen"（妻子、太太）来代替"Weiber"（女人），这是一种对德语的破坏，语言因此变得更贫乏了，因为"Frau"是妻子，而"Weib"则是女人（虽然"Mädchen"——姑娘——想要成为"Frau"，但姑娘不是"Frauen"）。这种混乱在13世纪也出现过，直到后来这两个称谓才被区分了，女人不再愿意被称作"Weiber"，这与犹太人希望被称为"以色列人"，裁缝希望被称为"时装师"，商贩将柜台称为"办公室"，每一个玩笑或俏皮话都想被称为"幽默"的原因如出一辙，因为词语的属性不是被赋予与之相关的东西，而是被赋予了事物本身。不是词语给事物招致蔑视，相反，招致蔑视的恰恰是事物本身，因此，两百年后，有关各方就会建议再次变换词语。

很少有人会像一位建筑师建筑房子那样写作：建筑师在建造之前就已经把所有细节都绘制得清楚明了。而大部分人写作就像玩多米诺骨牌游戏，游戏中，骨牌的组合半是有意半是偶然，而他们文章中句子的顺序与连接也同样如此。至于作品整体会呈现什么形态、将走向何方，他们心里大概都没谱。许多人甚至对此一无所知，只是如同珊瑚虫搭建珊瑚一般，一个复合句接着另一个复合句，天知道它们要在哪里收尾。"当代"的生活就是这样匆忙仓促，而表现在写作上则是极端的肤浅马虎。

良好的文风应当遵循的主要原则是：当一个人在写作时，一次只能清楚明确地思考一件事情。因此，我们不能苛求一个人同时思考两件或者两件以上的事情。但如果作者将一个长句拆散，把不止一个想法以插入句的形式嵌入复合句的空隙，就是在苛求读者要同时思考多件事情。因此，这是作者对读者造成的毫无必要的、肆意的困扰。这种情况主要出现在德国作者身上，因为相对于现存的其他语言，德语更适合做到这点，但德语的特点也只是为这种行为提供了条件，而不是说这种行为值得被称道。没有哪种语言的散文能像法语散文一样，读起来令人轻松愉快，因为通常来说，法语文章没有上述毛病。法国作家通常会以最合逻辑、最自然的顺序来连贯其思想，然后依次呈现给读者，以便于读者思考。这样一来，读者就能全神贯注地，逐一思考作者的思想。德国作家则反其道而行之，将思想交织叠加，组成一个错综复杂的扭曲长句，因为他试图同时讲述五六件事，而不是循序渐进、依次罗列。请一件事接着一件事说，而不要一股脑、混乱地倒出五六件事！我们的德国作家不去试图吸引和抓住读者的注意力，而要求读者打破上述一次领会一个思想的法则，同时思考三个、四个或者更多的问题，或许，正因为同时思考无法实现，所以他们就让读者在快速切换中交替思考。通过这种方式，德国作家为其"僵硬的文风"奠定了基础，然后以浮夸做作的方式来表达最简单的事情，再佐以其他类似的、人为的方法与手段，以完善其"僵硬的文风"。

德国人真正的民族性是笨拙、迟缓。这体现在德国人的走路方式、行为举止、言辞谈吐、理解与思维等方方面面，在写作方面尤为明显，他们以造出冗长笨重而错综复杂的长句为乐。读者在阅读这样的句子时，记忆力须在长达五分钟的时间内孤军奋战，耐心记住阅读过的内容，直到阅读最终进行到复合长句结尾，理解力才能得出结论，解开谜题。这让德国作家陶醉不已，如若能再把矫饰、浮夸与貌似庄严和崇高等悉数展示，那就更好了，愿上帝赐予读者们足够的耐性！于德国作家而言，最重要的往往是力求表达得模糊和不准确，宛如一切都在迷雾之中，似乎既要给每一个说法都留一道后门，又要装腔作势，假装说出来的比想到的还要多。这种特征的潜在根源是困倦与愚笨，正因如此，外国人才会讨厌所有的德语作品，因为他们不喜欢在黑暗中摸索，但德国人似乎对此情有独钟[1]。

原本冗长的复合句，再嵌入插入句，就变得更加臃肿，如同腹中装满苹果的烧鹅，若读者不事先看看时钟，都不敢碰这些句子。这首先会给记忆力带来沉重负担，让原本发挥作用

---

[1] 替换掉"von Seiten seitens"的不是德语。替换掉"Zeither"代之以无意义的"Seither"，并逐渐开始用"Seither"来代替"Seitdem"，难道我不该骂他们是一群蠢驴吗？我们的语言改革者对"悦耳"与"刺耳"全无概念，相反，他们试图通过删除元音来将辅音排列得越来越紧密，从而制造出发音令他们动物一般的嘴巴做出有碍观瞻的运动的词语。他们不懂拉丁语，所以更不懂清音与浊音的区别。——原注

的理解力和判断力因为记忆力的过度活动而被阻碍和削弱。因为在这样的复合句中,读者读到的只是一些未完成的短语和断句,他的记忆力必须仔细收集和保存这些短语和断句,如同一封被撕碎的信件,等到所有的碎片被拼齐,才能获知完整的内容。因此,读者首先必须不明就里地读上一段时间,无从思考,只能死死地记住所有东西,以期待句子的末端会有光,借着光可以获得些许思绪。在得到一些可以被理解的东西之前,他要记住的东西实在是太多了,显然,这是一件很糟糕的事情,也是对读者耐心的滥用。平庸之辈显然偏爱这种写作方式,因为它使得读者在经过一段时间和经历一些困难之后,才能理解那些原本一目了然的东西,一番折腾下来,就显得作者比读者更高深、更有头脑。这也是前文提及的平庸之辈的伎俩之一,他们本能地、下意识地努力掩盖自身思想上的贫乏,并制造出与实际情况截然相反的假象。在使用这些伎俩上,他们可谓创意惊人。

但很显然,将一个想法与另一个想法交错叠加——就像木质十字架那样——有悖于一切正常的理性。然而,当作者打断已经开始讲述的话语,插入截然不同的内容时,这种情况就已经发生了,作者给读者留下一个尚未完成的无意义的复合句,直到后续再将其补充完整为止,这好比主人家递给客人一个空盘子,让客人翘首期盼盘子里什么时候能有一些食物。真正说来,中间的逗号与页底的注解以及文中的插入语其实属于同一类,三者本质上只有程度上的区别。如果说德摩斯梯尼[1]与西塞罗也写过这样的,嵌入了插入句的复合句的话,那么他们不曾如此便会更好。

这种短句结构的荒谬之处在于,插入句甚至不是有机地嵌入,而是强行断句,直接插入。如果说打断别人是无礼行为,那么,打断自己也同样如此,如同在句中插入短句,这种句式经年累月地被唯利是图的拙劣、粗鲁而草率的作者所喜爱,在他们的作品中,这样的句子每一页都得出现五六次。这种句式就是——我们应该,如果可能的话,在给出规则的同时也举出例子——折断一个句子,以便在句子的两个部分中间粘上另一个句子。这种写作方式,不仅是出于懒惰,更是由于愚蠢,因为他们视这种句式为一种"轻灵"文风,可以让表达变得跳跃生动。而事实上,只有在极个别的例子中,这种情况才

---

[1] 德摩斯梯尼(公元前384—公元前322年),古雅典雄辩家、民主派政治家。——编者注

可以被原谅。

顺便说一句，根据分析判断理论，我们能够在逻辑学中观察到，这种短句结构不可能在良好的文风中出现，因为它们会产生愚蠢荒唐的效果。当个体通过既定类属被定性时，最能显示这一点，比如，我们说公牛是带角的，医生以医治病人为己任，等等。因此，它们只能在需要给出解释或定义的情况下使用。

比喻的巨大价值在于将未知联系转为已知联系，甚至那些演变成寓言或讽喻故事的，更长的比喻，也只是将事物的某种联系以最简单明了、最浅显的方式表现出来，甚至概念的形成，也依赖于比喻，因为它是我们对事物求同去异的结果。此外，每一种对精神的真正意义上的把握，都包含了对关系的把握（un saisir de rapports），当我们从大相径庭的情形和截然不同的事物之间，重新辨认出事物的相同关联时，我们将会对每一种关系，有更纯粹和更清晰的认识。因此，如果为我所知的某种关联只存在于某种特殊情形中，那么，我对这种关联的认识就仅仅只是个人认识，也就是说是直观的认识。哪怕只是在两种不同的情形中掌握了同一种关联，我也对这一关联的整体性质形成了一个概念，也就有了更深刻、更完整的认知。正因为比喻是认知的强大杠杆，所以，能够提出令人惊奇的无与伦比的比喻，是具有高深智慧的标志。因此，亚里士多德说过："迄今为止，最伟大的事情就是找到比喻，因为这是唯一不能习得的本事，是天才的标志。要运用精彩的比喻，就要认识到事物的同质与类似之处。"（《诗学》第22章）同样，"甚至在哲学中，能够从相异的事物中找到同质与类似之处，就是洞察力的标志。"（《修辞学》）

那些远古人类的智者，无论其具体在哪，都是那么伟大和值得称颂！他们发明的语言语法，是最伟大的艺术作品；他们创造出不同的词类，区分并确立了名词、形容词和代词的词性和格，规定了动词的时态与语气；他们细致而谨慎地将未完成时、现在完成时和过去完成时区分开来（希腊语则还有不定过去时）。所有的一切都是为了实现一个崇高的目标：为了使人类的思想得到完整和相称的表达，我们需要一个适当且足以胜任的物质工具，用来记录并精确再现思想的每一个细微差别和变化。现在，让我们来看看当代那些要改造这一艺术品的改革者吧，那些笨拙、愚蠢、粗鲁的德国三流写手，为节省篇幅，企图将精细而又精确的区分当作是多余的东西，把所有的过去时都归于未完成时，然后只谈论未完成时。在这些人看来，我前文所称赞的语法形式的发明者们，简直是白痴傻瓜：他们竟不知道我们可以一视同仁地处理和对待所有事情，未完成时态就是唯一的万应的过去时态。在他们看来，希腊语之所以简陋，是因为希腊人不满足于三种过去时态，还要再另外加上两种希腊语特有的过去时态[1]。此外，他们还热情地将前缀删掉，将其当作是无用的累赘，至于剩下的词表达了什么意思，就让聪明人自行猜测吧！如"nur、wenn、um、zwar、und"等这些能够照亮整个复合句的关键逻辑助词，写手们为了节约篇幅，也将其删去，留给读者一片漆黑，然而，这种行为却受到了许多作者的欢迎，他们故意尝试晦涩凝滞的写作方式，让读者如坠云雾，这些可怜虫误以为这样就能得到读者的尊敬。简而言之，他们肆无忌惮地对语言进行语法和词汇的大删大减，就是为了节省几个音节，而为了四处删减音节，他们有着无穷无尽的宵小伎俩，他们错误地以为这样就能让表达言简意赅。但是，我亲爱的头脑简单的朋友们啊，言简意赅的表

---

[1] 德国的这些"天才"没有生活在希腊人之中，真是太可惜了！他们一定会把希腊语的语法删减到霍屯督语语法的那般境地。——原注

达所依赖的，与单纯地删除音节截然不同，它需要一些你既不了解也不具备的品质。但他们并没有因他们的所作所为而受到责难，反倒是立即引起更多蠢驴争相效仿。上述对语言的"改进"，几乎无一例外都受到了广泛而普遍的模仿，对此，可以解释为：对含义不被理解的音节进行删减，只需拥有和最愚蠢的傻瓜同等的智力足矣。

我们应当把语言当作一门艺术来客观看待。因此，语言的一切表达都应该遵循规则并符合语言的宗旨。对于理应陈述的内容，每一个句子都必须包含可能的客观论证。我们不应只主观地对待语言，敷衍地表达自己，然后寄希望于别人能够猜出我们的意思——这是那些从来不会显明词格，一贯以未完成时代替所有过去时，省略、删除词的前缀等劣习之人的所作所为。那些恨不得抛弃所有，使德语沦为某种霍屯督[1]式土话的可怜虫们，与最初发明并细分了动词的时态和语气、名词和形容词的词格的前贤相比，可谓是云泥有别！霍屯督式土话更适合他们那含糊其词的表达，他们是当今这个毫无智慧文坛里唯

---

[1] 霍屯督为欧洲白种人对非洲黑人的蔑称。——编者注

利是图的无耻文人!

记者们对语言的曲解,却得到了文学期刊和学术书籍的顺从、欣赏和模仿。他们本应以身作则,阻止事态恶化,力求保存和保持真正优美的德国语言,但没有人这样做,我没有看到任何人在抵制反对这件事。语言在遭受最低级的文痞恶待时,没有一个人站出来反对,没有!他们就像绵羊一样盲从,跟着蠢驴随波逐流。这是因为,没有哪个民族会像德国人一样,不愿意独立作出判断,并因此对破坏德语的行为作出谴责,然而生活和文学,其实每时每刻都在为德国人提供这样的机会(相反,他们幻想,通过敏捷地模仿每一个对语言无脑损坏的行为,展示出他们的"与时俱进"已然合乎标准,而作者们总是赶时髦的)。"他们没有胆,就像鸽子"[1],没有胆的人,就没有理解力,而理解力必然会派生出某种尖锐,这种尖锐在生活、艺术和文学中,每天都会唤起对千百种事物由衷的谴责和嘲笑,正是这种谴责和嘲笑,让我们远离随波逐流的模仿。

---

[1] 引自《哈姆雷特》第2幕第2场。——原注

论阅读与书籍

无知只有与财富为伍时才会为人所不齿。穷人受制于匮乏与贫穷：劳作取代了知识，占据了他的思想。相比之下，无知的富人仅为感官的欢愉而活，这与村野牲畜无异——如同我们每日所见。此外，他们也因不把财富和闲暇用于可能赋予它们最大价值的事业，而备受责难。

在阅读时，他人的思考代替了我们的思考，我们不过是在重复他人的思考过程。这就像初习字时，学生总是照着老师的铅笔字迹摹写，阅读也同样如此，绝大部分的思考过程都是由别人完成的。所以当我们从紧张的思考转入阅读时，会感到某种放松，事实上，在阅读的过程中，我们的脑袋不过是他人思想的游乐场。因此，如果一个人几乎整天都手不释卷，偶有小憩，也只是在做一些不费脑的消遣，那么这个人便会逐渐丧失思考的能力，就像总是骑马的人，最后会忘记怎么走路一样。很多学究就是这样，其实他们是读书读傻了，每有闲暇便持续忘我地阅读，这对心智的麻痹要甚于持续的体力劳动——体力劳动至少可以让人一边思考一边劳作。正如弹簧在外力的持续作用下最终会失去弹性,我们的大脑,也会因为他人观点的持续侵入而失去弹性。就像摄入太多营养会撑坏我们的胃,搞垮整个身体一样,吸收太多精神养分也会阻塞我们的大脑。因为读书越多,阅读在头脑中留下的就越少,思想则如反复书写的便笺一般,密密麻麻布满重叠的笔迹。无暇思便无从学,如果只顾埋头苦读,对所读之物不加琢磨,那么所学也浅,最终也会淡忘。事实上,精神养分好比身体营养,能被吸收者不足五分之一,余者则由蒸发、呼吸等方式消耗掉。

除此之外,付诸纸上的思想不过是行人在沙地上留下的足迹:我们看得见他走过的路,但要知道他在沿途看见了什么,必须用我们自己的眼睛。

作家们所具备的文采素质,譬如循循善诱的说理、天马行空的想象、奇特大胆的比喻、写尽苦难的笔触、优雅洗练的风格、舒适简扼的措辞、出人意料的对比、行云流水的语言,等等,这些都无法通过阅读学到。不过,如果我们本身具备这样的品质,也就是说具有这样的潜力,我们便能通过阅读著作唤醒它们;我们会知道它们具体能发挥到什么程度;我们使用它们的意愿也会被加强,我们可以通过别人的实例来判断它们的应用效果,从而掌握正确的运用方法,只有这样,我们才实实在在拥有了这些才能。阅读唯一有助于我们塑造自己文风的途径就是教会我们如何使用自己的天赋。学习使用天赋的前提是我们拥有天赋，若无天赋，阅读则只会教我们冷漠死板的矫揉造作，并把我们变成肤浅的学舌者。

正如地层按照层次保存着远古生物的尸骸，图书馆的书架上也以时间为顺序储存着记载了过往年代的错误观点及其错误陈述的书籍。这些书籍，如同那些死去的生物，在属于它们的时代，也曾充满活力、名噪一时，但如今它们如石化般僵硬，只有文学界的"古生物学家"才会敝帚自珍。

据希罗多德记载，薛西斯[1]曾望着他那一望无际的大军，想到一百年以后，将无人免于作古，不禁潸然泪下。看着厚厚的新书目录，想到不出十年，这些书籍就会无人知晓，叫人如何不唏嘘感慨？

文学恰如人生：无论在哪，都能遇见积习难改的乌合之众从四面八方涌来，玷污一切，如同夏季的苍蝇。不计其数的

---

[1] 即薛西斯一世（约公元前519—公元前465年），波斯帝国皇帝，发动了第二次希波战争，他的死，标志着阿契美尼德王朝由盛转衰。——编者注

劣书，犹如文学作品里的杂草，抢夺着谷物的养分并使其窒息。他们耗尽了理应属于好书和崇高目标的公众的时间、财富与注意力，他们写作的目的仅仅是为了牟取金钱或名气。所以，劣书不仅百无一是，还作恶多端。现在的文学书籍，十有八九除了从公众的口袋里掏出几个铜子来外，再无其他目的，为了这个共同的目的，作者、出版商和评论家更是统一阵营，狼狈为奸。

我想说的是那些作家、雇佣文人及多产写手惯用的狡诈而邪恶的伎俩，唯利是图而赤裸裸的伎俩：他们全然不顾时代的高雅品位与真正的文化，如操控木偶一般牵引着读者，训练他们养成实时阅读最新同类出版物，以获得社交谈资的习惯。这正是那些曾颇有名气的小说家，如斯宾得勒、布尔瓦、欧仁·苏等，所创作的劣质小说服务的宗旨。读者总是以仔细品读最新作品为己任，阅读那些为数众多的只为赚钱而作的，极其平庸的作者粗制滥造的作品，还有比这样的读者更悲惨的吗？正因为这个缘故，他们对各个时代以及各个国家的经典作品所知甚少。文学报刊更是异常狡诈地掠夺了读者的时间，这些时间本该投入到真正优美的文学作品中，以增加人们的修养，而不是消磨在平庸之辈每日更新的粗鄙作品中。

因此，在阅读的艺术上，克制至为重要。阅读要有选择，不能因为一本书一时流行就随手拿来阅读，比如一些政治性或宗教性较强的手册、小说、诗歌之类，即便这样的书可能在当代引起人们的广泛关注，甚至还可能一版再版。需谨记，为蠢人而作的书必定会有大量的受众，但我们必须珍惜时间，去阅读那些古往今来的国内外的伟大著作、那些站在人类之巅的人的著作，以及那些享有不朽声誉的人的著作，只有阅读这些书籍才能真正做到开卷有益。坏书读得再少也嫌多，好书读得再多也嫌少，坏书是思想的毒药，会毁人心智。读好书的前提条件之一，就是千万不要读坏书，因为人生短暂，时间和精力都是有限的。

在任何时代，都有两种并列发展但彼此却知之甚少的文学，一种真诚实在，另一种虚伪肤浅。前者逐渐成为永恒的作品，是为科学或诗歌而生的人所推崇的作品，它认真而安静地走着自己的路，但极其缓慢，整个欧洲一个世纪也出不了十几部，而这样的作品却能够恒久流传。后者却是以科学或诗歌为生的人所追随的作品，它们携着利益团伙的鼓噪与喧嚣飞速发展，用一年时间就向市场输出数千册作品。然而用不了几年，人们就会发问：这些作品去哪里了？它们来势汹汹的荣光文学恰如人生：无论在哪，都能遇见积习难改的乌合之众从四面八方涌来，玷污一切，如同夏季的苍蝇。

又去哪里了？这就是所谓的昙花一现，而前者则是永恒的经典。

在政治历史里，半个世纪是一段漫长的时间，因为它的素材源源不断，总有一些事情正在发生。但对文学史而言，半个世纪常常是停滞不前的一段时间，什么都不曾发生，当然那些愚人的劣质作品不能囊括在内，因此，五十年间，一切不过是在原地踏步而已。

为了更清楚地表达我的意思，我们不妨将人类知识的进程比作是行星运行的轨迹，人类在每次取得重大进步以后，通常很快就会步入弯道，就像托勒密体系中的本轮[1]，绕行一周后，世界又重新回到起点，但那些引领人类前行的伟大的思想者，却不会踏入本轮的绕行。这就解释了，为何赢取身后名总是以失去同代人的歌颂和赞美为代价，反之亦然。这种本轮的实例就是，由费希特和谢林开创的哲学，最后却由黑格尔的歪理邪说为其加冕，这种本轮的绕行是对康德哲学极限的偏离，

---

[1] 古希腊天文学家托勒密的宇宙体系学说认为，地球是不动的中心，太阳和行星环绕着地球运行。为了说明行星的运动现象，他认为每个行星在一个小圆上作匀速运动，这个小圆叫作"本轮"。同时，他又假设本轮的中心在一个大圆上绕地球作匀速运动，这个大圆叫作"均轮"。——译者注

而我重拾旧途并将康德哲学发扬光大。在此期间,上述伪哲学家和其他人刚刚结束一次本轮运行,而与他们一同经历过运行的公众已然意识到他们仍处在原点。

这种现象也说明了为什么每隔三十年左右,科学、文学和艺术的时代精神就会宣告破产。因为,这一时期内的种种错误累积叠加,荒谬的重量最终导致精神大厦倾塌,而与此同时,反对意见却在积蓄力量,这样,情形就发生了变化,但之后往往会出现与之前的谬误截然相反的谬误。文学史真实客观的目的就是展示它们在轮回中的变迁,但很少有人注意到这点。此外,由于这样的周期相对较短,搜集较远时代的资料往往非常困难,所以,在这一问题上,观察自己所属时代的情况最为便捷。如果大家想要了解在准确的科学中表现出托勒密体系本轮的例子,可以看看维尔纳[1]的《水成论》。

我还是沿用上文所提及的,距离我们最近的例子吧,在康德的辉煌时期后,德国哲学迎来了一个旨在强迫接受而非论理的时代:人们力求的不是深入与明晰,而是花哨与浮夸,从

---

[1] 维尔纳(1749—1817年),德国地质学家,第一个使地质学成为一门科学的人,提出了"水成论"。——编者注

某种程度上来说，是要令人不知所云；不是去探索真理，而是玩弄骗术。在这种风气下，哲学不可能取得任何进步，到了最后，整个学派都得破产。尽管黑格尔及其追随者鲜廉寡耻，但最终也面临着一道关隘——也许是因为他们老谋深算的鬼扯，或者是不择手段的鼓噪，又或者是因为他们从事这份美好工作的目的已昭然若揭，最终所有人都必将看穿他们欺世盗名的江湖骗术——由于真面目被揭穿，他们的身价将一落千丈，他们的哲学体系也将成为人们公开嘲讽的对象。这在乏善可陈的哲学史上可谓是最可悲的一种：自取其辱并坠入了身败名裂的深渊，费希特和谢林的哲学体系算是开了这个先河。因此，在康德之后的半个世纪里，德国彻底暴露出了哲学方面的庸碌无为，但人们依然在外国人面前吹嘘德国人的哲学才能。尤其是在一位英国作家，曾辛辣地揶揄他们是"思想家的民族"之后。

我们若要从艺术史中得到本轮普遍模式的证据，不妨看看上个世纪兴起的以贝尼尼[1]命名的雕塑流派，尤其是这个流

---

[1] 贝尼尼（1598—1680年），意大利雕塑家、建筑家、画家，代表作有《阿波罗和达芙妮》《大卫》等。——编者注

派在法国的进展：这一流派不是主要表现古典之美的，而是表现庸俗的本性的；不是表现古代艺术的朴实与优雅的，而是表现法国小步舞式的礼仪的。

以贝尼尼命名的**雕塑流派**，在温克尔曼[1]提出批评指责后很快就消失了，一切又回到了古典学派的老路上。本世纪前二十五年的绘画史，也给我们提供了例证，当时，艺术被当作是传递中世纪宗教情感的一种工具与手段，艺术的主题只能局限于宗教范畴，然而，画家们对宗教并无虔诚的信仰，在他们的想象中，他们追随的是弗兰西斯科·弗朗西亚、彼得罗·佩鲁吉诺、安杰利科·达·菲耶索以及其他像他们这样的画家，他们对这些画家的评价甚至高于之后出现的真正大师，基于对这种可怕趋势的观察，也因为同一时期有人在诗歌中提出类似的追求，所以歌德创作出寓言诗《神职人员的游戏》。这一画派曾因奇思妙想而闻名遐迩，但终究在昙花一现后回归自然，转而创作各种类型的风俗画与生活场景画，尽管有时会流于庸俗。

人类思想在文学写作领域的发展历程也同样如此：大部

---

[1] 温克尔曼（1717—1768年），考古学家、艺术家，代表作有《希腊雕像绘画沉思录》。——编者注

分文学史就是记录了众多早产、流产的"文字怪胎"的目录册,他们保存得再好的精神也只不过是一张猪皮。我们不必从文学史中去寻找那罕见的、姿态优美的生灵:那不朽的、青春永驻的作品,仍具有生命力,无论我们身在何处,都有可能与它们邂逅。只有这些作品才能构成我所说的真正文学,其人物寥落的历史,在我们年少时,不是首先从教科书和简编史中获知的,而是从有学识的人口中得以了解的。在此,我要推荐利希滕贝格著作中非常值得一读的一段话[1],这句话,是治疗时

---

[1] 我认为,当下对科学史过于详尽的研究有碍于科学本身的发展。人们喜欢阅读这类文章,正是因为它们能填满自己的整个大脑:它们确实不会让人的思想完全空虚,只是会让人失去自我思考的能力。若一个人只是迫切地想要武装自己的头脑、发展自己的天赋与才能、拓展自己的眼界,而不是为了填满自己的脑袋的话,他将会发现,再没有什么比和所谓的文人交流更令人生厌的了,他除了对文学和文学史中的各种轶事如数家珍,余者一概一无所知,这无异于画饼充饥。我也相信,所谓的文学史不能在有思想的人中找到市场,因为他们懂得自己的价值以及真正知识的价值。这类人更感兴趣的是自己如何运用理性的能力,而不是费尽心思去学习别人运用理性的方法。我们发现,最糟糕的是,对文学研究方向的知识了解得越多,促进思考知识的力量就会变得越小,唯一能得到提升的不过是拥有该知识的骄傲感。这些人往往认为他们比那(接下页注释)

下流行的阅读文学史的偏执症——即使没有真正了解任何事,但仍可对其侃侃而谈——的一味解药。

我希望有朝一日,有人会编写一部文学的悲剧史,记录那些有着至高声誉的作家和艺术家,在他们的有生之年受到了怎样的"礼遇"。这部历史将会展示任何国家在任何时期,真与邪、善与恶之间不得不进行的无休止的较量。这部历史应当讲述绝大多数真正启迪了人类的智者、各个学问及艺术领域的大师们的殉难:他们是如何被折磨致死的(除了极少数例外),他们无人认可、无人同情、无人追随;他们生活在怎样的贫困与苦难之中;在名声、荣誉和财富极度不对等之中,他们的命运是怎样与以扫[1]殊途同归的。(当以扫外出狩猎,为父亲捕获鹿时,雅各穿着他的衣服,伪装成他的样子,夺走了属于他

(接上页注释)些真才实学的人懂得更多。俗话说,"真正的知识与科学绝不会使人骄傲自大",这无疑是一句真理。相反,只有那些在文学史幽暗角落的消解中无所作为,讲述别人故事的不思进取之徒才会夜郎自大。他们认为这种机械工作,就是知识的实践活动。这样的例子虽然很多,但由于太过讨厌,便不在此举例说明了。——原注

[1] 根据《圣经》记载,以扫是以撒和利百加所生的双胞胎中的长子。——译者注

的祝福。）尽管如此，对事业的热爱支撑着他们，直到这些人类教育家的鏖战结束，当他们戴上永恒的桂冠，钟声敲响时，我们可以说：

沉重的铠甲化为翅膀的羽毛，
短暂的是苦痛，永恒的是欢乐。

论语言与词语

动物的声音是意欲萌动与活动的表达,但人的声音还可以服务于认知的表达。因此,除了少数鸟类,动物的声音几乎总是给我们留下不愉快的印象。

至于人类语言的起源,可以肯定的是,最初始的语言一定只是感叹词,表达的不是概念,而是意欲的活动与感觉,就像动物发出的嘶鸣。不同形式的感叹词同时出现,并逐渐过渡发展出名词、动词、人称代词,等等。

人类的词语是最经久不息的。如果一位诗人,把自己转瞬即逝的感觉用恰当的词语精准地表达出来,那么这个瞬间的感觉,便在词语中得以留传,并在每一位敏感的读者内心唤起共鸣。

众所周知,语言,尤其是从语法的角度来看,越古老越完美,往后则每况愈下,从高贵的梵语到粗俗的英语———一块由各种边角料拼接而成的思想的遮羞布。语言的逐渐退化,是对那些愚蠢可笑的乐观主义者所钟爱的理论——"人类向着更美好的未来稳步前进"——的郑重反驳,但他们为了证明自己的理论，不惜歪曲、篡改两足动物的种族历史。我们不禁想象，那不知以何种方式从大自然中孕育出来的第一代人，他们完全处于蒙昧无知的状态，既粗鲁又愚钝，那么，这样一个种族又是如何发明了这些极其精妙的语言结构，以及错综复杂的语法形式的呢——即使词汇是逐渐积聚起来的？另一方面，我们可以看到，无论在世界的哪个地方，子孙后代都遵循着父辈的语言，只是非常缓慢地对父辈的语言做出微小的改变。然而，经验并没有告诉我们，语言会随着人类的世代更替而在语法上得到完善，反而它会像我说的那样，永远朝着更简单和更糟糕的方向发展。倘若我们假设语言的生命周期类似于植物的生命周期：从一粒种子萌发，抽出一片毫不起眼的简单的嫩芽，缓慢生长，直至盛放，然后逐渐衰老枯萎；但是，对于语言，为何我们只能掌握到它衰败的信息，却对它前期的发展毫不知情呢？这只是一个形象的、随意的假设，只是一个比喻，而不是解释！真要对此作出解释的话，在我看来最合理的假定是：人类本能地发明了语言，因为这是人类与生俱来的能力，凭借着这种本能，人类无须经过反省和有意识的思考，就创造出了要运用理性能力所必不可少的工具与机能，然而语言一旦形成，这种本能便再无用武之地了，随后便在人类的世代更替中逐渐丧失。世界上的所有杰作都是出于本能，譬如马蜂或者蜜蜂如细胞结构般的蜂巢、海狸穴、鸟窝，它们始终以各种各样的、合理适宜的形态呈现，具备其独特的完整性和完美性，能精确地满足动物的需求，因此，我们对其内在深刻的智慧叹为观止。在所有的本能作品中，最初的和最原始的语言具有同样的高度完美性。至于追溯语言的高度完美性，将其纳入反省思维和清晰意识的光辉之中，这是几千年后才出现的语法学的事情。

学习多种语言是一种学习文化、培养智力的间接手段，而这种手段也是直接而深入的。查理五世[1]曾说过："一个人若通晓多种语言，就等于多活了几遍。"这其中的缘由如下：

每一种语言里面的每一个字词，不一定都能在其他语言里找到精确的对应词，因此，这一种语言所描述的概念并不一定都能与另一种语言所描述的概念完全贴合（尽管很多时候能够对应得上，有时甚至会惊人的一致），例如，希腊词"ζυλληψιε"

---

[1] 查理五世（1500—1558年），神圣罗马帝国皇帝、西班牙国王，他建立了统一的专制王权，使西班牙得以争霸欧洲，也使其本人成为当时欧洲最强大的君王之一。——编者注

和拉丁词"conceptio"（领会），德语词"Schneider"和法语词"tailleur"（裁缝）就属于这样的情形，然而在很多时候，它们只是含义相近或者有着同源的概念，不同语种之间的转换依然会带来微妙的差别。下面的例子可能有助于理解我的意思：

απαιδεντσζ, rudis, roh（希腊文、拉丁文、德文：粗糙、粗野）

όρμη, impetus, Andrang（希腊文、拉丁文、德文：压力、冲动）

μηχανη, Mittel, medium（希腊文、拉丁文、德文：手段、工具）

seccatore, Qualgeist, importun（拉丁文、德文、法文：讨厌的人）

ingenieux, sinnreich, clever（拉丁文、德文、英文：聪明、机敏）

Geist, esprit, wit（德文、法文、英文：精神、机智）

Witzig, facetus, plaisant（德文、拉丁文、法文：讨人喜欢的）

Malice, Bosheit, wickedness（法文、德文、英文：恶毒）

除了这些，类似的典型例子不胜枚举。我们可以用逻辑学中常用的方法，通过圆圈来形象地呈现概念：这种紧密的同一性可以用圆圈来表示，这些圆圈近似覆盖彼此，但并不完全重合，如下图所示：

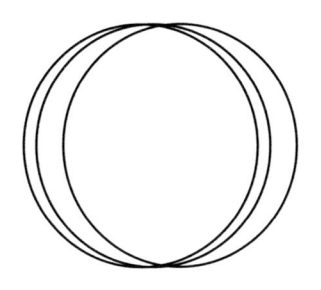

有时候，某种语言缺少表达某一概念的词汇，但却能在其他大多数（也许不是全部）语言中找到，一个相当离谱的例子就是法语中竟然没有表示"站立"的动词。再有就是，有好几个含义的词在某种语言中却只对应着一个字词，这样，一个字词就同时兼备了几重意思，例如：拉丁语的"Affekt"、法语的"naïf"和英语的"comfortable、disappointment、gentleman"，等等。有时候，一个外语词汇在表达某一概念时，会带有某种我们自己语言里所缺少的细微差别，我们又恰恰是通过这一细微差别来理解这一概念的。遇到这种情况，如果想要准确表达自己的思想，只要直接搬用这个外来词就好，不必理会那些迂腐的纯粹主义者的苛求。当从一种语言里无法找到某个确切的词,以表示另一种语言里某个词所表达的概念时,词典就会罗列几个彼此相关的词来呈现这个概念:所有相关词都表达了这一概念的含义,但却不具有同一中心点,而是从不同侧面去接近它,正如上图所示,这一概念涉及了各个词的含义范围。例如,拉丁语"honestum"就是用"公平""正派""可敬""光荣""荣耀""尊敬""正直"等词来解释的。希腊语"σωφροσυνη"也是用同样的方式来解释的[1],这就是所有的翻译作品都必然有缺陷的原因。任何独树一帜、意蕴深刻、耐人寻味的文字从一种语言翻译成另外一种语言后,几乎永远都无法完整和精确地发挥出原文的效果。诗歌不可翻译,只能重铸,而重铸的过程往往充满不确定性,就算是散文的翻译,最好的译文较之原文,最多也只能像变调的曲子比之原曲一样,而懂音乐的人都知道变调意味着什么。因此,每一个译本都是死的,它们风格牵强、僵硬、不自然,如果译本变得自然,那就意味着,这种翻译满足于只取原文大概的或近似的意思,那么,这个译本就是不准确的。一个收藏译本的

---

[1] 希腊语"σωφροσυνη"在任何其他语言中都找不到对应词。——原注

图书馆，就像是一个赝品画廊。甚至古代作者的译本也只是原著的代替品而已，就像菊苣之于咖啡。

据此，学习一门外语的主要困难在于，要了解每一个词的每一个含义，哪怕我们的语言中并没有与之精确对应的词——而这是经常会遇到的情形。因此，在学习一门外语时，我们得在头脑中划出几个全新的概念范围。在曾经没有概念的地方形成概念范围，也就是说，我们不只学会了语言，还获得了概念和思想。学习古代语言更是如此，因为古今表达方式迥异，其差别远甚于现代语言不同语种之间的差别。这个论点可以通过以下事实进行佐证：当我们将其他语言翻译成拉丁文时，我们必须使用与原文截然不同的措辞。事实上，在很多情况下，将一个观点翻译成拉丁文，就必须回炉重铸，在此过程中，它被分解成最基本的元素，然后被重新组合。正是由于这个重铸的过程，思想才得以从对古代语言的学习中，取得巨大的进步。只有当我们正确掌握了所学语言的单个字词的所有概念后，只有当我们的大脑能够直接联想每个词与之对应的概念，而不是先把这个词翻译成母语，然后再去想这个词所表达的概念时（这个概念永远不能与所学语言的概念精确对应，词组短语也同样如此），只有这样我们才算是掌握了所学语言的精髓，并对以这门语言作为母语的国家有了充分的了解。正如个人风貌与精神息息相关，语言与民族精神同样紧密相连[1]。只有当一个人不仅能把书本翻译出来，同时还能翻译自身时，也就是说，能够在不丧失自身个性的情况下，自如地用外语表达自己的思想，连外国人都能领会和欣赏他的表达，就像同胞听他讲母语一样时，他才算得上是精通了这门语言。

欠缺能力的人想要真正掌握一门外语并非易事。他们虽然学习外语词汇，但在运用时想到的往往是与母语对应的单词，并始终保留着母语化的习语和短语习惯。然而，他们无法领会和掌握外语的精髓，这要归因于他们的思维不是依托自身展开的，而是在很大程度上依赖于母语，母语现行的习语和短语等同于他们的原始思想。因此，即使在运用母语时，他们也总是只用一些陈腐的套话（即英语的"hackneyed phrases"和法语的"phrases banales"），甚至连拼凑句子时也是那么生疏笨拙，可见，他们多么不清楚自己想要表达的意思，他们的思想又是多么贫乏，所以，他们比鹦鹉学舌强不了多少。与之相

---

[1] 精通几门现代语言，并能流利地阅读，是一种将我们从狭隘民族主义思想的困扰中解救出来的方法。——原注

反的是，独到的遣词造句与恰到好处的表达，都是一个人杰出才智的必然表现。

由此可以看出，一个人每学会一门外语，他的意识都会形成新的概念，赋予新的符号以意义；概念得以细分，而这些概念之前只是共同构成了更为宽泛和笼统的概念，因为在母语中只有一个词表示这一概念；从前不知道的关联得以发现，因为外语以其特有的比喻和象征来表达概念。因此，通过新习得的语言，我们可以意识到事物之间大量的细微差别、类似、变化以及联系，这样，我们就能对所有事物有更全面的认识。由此可知，每一种语言运用时的思维方式都有所不同，因此，通过学习每一种新语言，我们的思维会经历新的修正，描上新的底纹，所以，通晓多门语言，除了带给我们许多间接用途之外，也是我们获取精神文明的直接手段，这是由于概念呈现出的惊人的多面性和细微差别使我们的观念也得以纠正和完善，它还提高了我们的思维技巧和速度，通过学习多种语言，概念越发从单词中剥离出来。古代语言给我们的帮助是现代语言无法企及的，因为古代语言与我们的现代语言差异巨大，这种差异不允许我们逐字翻译，而要求我们转变我们的思想并将其重塑为另一种形式（这是学习古代语言很重要的众多原因之一）。

或者（如果允许我用一个化学现象来比喻），如果要把一种现代语言翻译成另一种现代语言，最多要求将所翻译的段落分解成最接近的和最原始的成分，再进行重新组合；而将现代语言翻译为拉丁语，则往往需要将其分解成最细分最基础的元素（纯粹的思想内容），然后产生反应，以新的、完全不同的形式再生。例如，在一种语境中用名词来表达的，在另一种语境中却用动词来表达，反之亦然。当我们把古代语言翻译成现代语言时，也要经历同样的过程，由此可见，通过阅读这样的译本所获得的对古代著作的认识，距离真实情况仍相去甚远。

古希腊人就缺少了学习外语所获得的好处，虽然他们因此节省了大量的时间，但节省的时间又被不加节制地浪费掉了，这点可以从自由民每天在市集上长时间晃荡闲逛看出。这不禁让我们联想到那不勒斯的乞丐和意大利广场上的喧闹活动。

综上所述，我们不难明白：古代语言的语法完善度远远超过了我们现代的语言，模仿古代语言的语言风格，是帮助我们用母语熟练而完美地表达自己思想的最佳方法。事实上，这是成为伟大作家的必经之路，譬如刚入门的画家和雕塑家，在创作自己的原创作品之前，有必要通过模仿古代的杰作来训练自己。只有通过用拉丁文写作，我们才能学会把措辞当成一种艺术，其材料就是语言，因此我们必须尽最大可能小心谨慎地对待它。据此，我们将更多地关注词语的价值和意义，以及词语组合和语法的形式；我们将学会仔细而准确地斟酌，从而能够帮助我们表达和保留有价值的思想；我们也将学会尊重自己的写作语言，这样我们就不会以一种反复无常的方式随意改变语言的结构规范了。如果没有这种语言的预备性训练的话，写作很容易会沦为泛泛空谈。

不懂拉丁语的人，就像雾天身处美丽的乡野，视野极其有限，所见范围不过咫尺之遥，几步开外的事物，都迷失在模糊与不确定之中。相比之下，拉丁语学者的视野极为开阔，涵盖了近几个世纪，中世纪和古代。希腊语、梵语，将他们的视野延伸得更为辽阔。不懂拉丁语的人皆为平庸之流，哪怕他们在电机领域堪称专家，哪怕他们能从坩埚中提炼出含有氢氟酸的酸根。

你很快会发现，那些不懂拉丁语的作家的作品，除了理发师助手式的啰嗦外，别无其他，他们以法语式的文风以及故作轻松明亮的笔触，朝着这个方向迅速发展。好吧，我高贵的日耳曼人，你们转向了庸俗与粗野，那么庸俗与粗野将是你们不懂拉丁语的人，就像雾天身处美丽的乡野，视野极其有限，所见范围不过咫尺之遥，几步开外的事物，都迷失在模糊与不确定之中。

最终的模样。人们竟敢出版附带德文注释版本的希腊语著作，甚至拉丁语著作（骇人听闻），这是懒惰的典型标志，这是放任无知的温床。多么厚颜无耻的事情！如果一个学生在学习拉丁语时一直用母语交谈，那他怎么可能学得会拉丁语？"在校期间只能说拉丁语"是一条非常好的老规矩。教授无法轻松地用拉丁文写作，学生也不能轻松地用拉丁语阅读，不管你持何种立场，这都是滑稽可笑的场景。所以，这是可耻的，这背后是懒惰及懒惰的产物：无知。无知即什么都不曾学会，懒惰则是什么都不想学。在我们的时代，抽雪茄和酒馆政治已经取代了学术和学习，就像大孩子的图画书已经取代了批判评论和文学期刊一样。

法国人，包括学院和学会，对待希腊文的方式令人不齿，他们接受希腊文的目的其实是要丑化它们。例如，他们错误拼写"Etiologie""Esthétique"等，事实上只有在法语中，"a、i"这两个字母与希腊语的发音一致，还有"bradype、Oedipe、Andromaque"等，也就是说，他们书写的希腊文，就像是一个法国农村小伙从外国人嘴中偶得的只字片语。哪怕法国学者装装样子，仿佛他们是懂得希腊语的，倒也令人欣慰。看到高贵的希腊语因为令人作呕的方言而遭到肆意损坏，比如法语（这种变质了的，令人震惊的意大利语，长尾音又长又难听，还带有鼻音），就像看到一只庞大的西印度蜘蛛吞掉一只蜂鸟，或者一只癞蛤蟆吞掉一只蝴蝶。我希望，那些"杰出的同僚"，正如学院的绅士互相冠以的称呼那样，能够郑重考虑一下这件事，要么还希腊语安宁，用自己的方言就好，要么就好好地使用希腊语，不要去破坏它。更可恶的是，当他们缩短或歪曲希腊词语时，我们往往很难猜出如此表达的希腊词语的表面含义，更别提破解其深层含义了。在这里，我应该提一下法国学者的一种极其野蛮的做法，就是把一个希腊词和一个拉丁词合在一块，例如"pomologie"，好吧，我杰出的同僚，理发师的助手才喜欢干这种事。我的责难完全合理，因为在学术共和国，政治疆域一如其在自然地理学中那样不起作用，语言的界限只存在于无知者之中，但在学术共和国里，"无赖"与"非利士人"（Philistines）[1]是不应被容忍的。

概念的增加，应该伴随着语言词汇的增加，这无疑是正

---

[1] 非利士人，也叫腓力斯丁人，是居住在地中海东南沿岸的古代居民，被称为"海上民族"。《圣经》中的非利士人泛指一群被撒旦利用、不知悔改的蒙昧无知的凡人。——译者注

确的，甚至是必要的，但如果后者增加了，而前者却没有增加，这就只能是智力贫乏的一种表现——人们的确想要创造些什么，但苦于没有新的思想，就只能造出新词来充数。这种丰富语言的方式，现如今已是大势所趋，是时代的特色，但是，用新词表达旧概念，不过是给旧衣着新色而已。

顺便提一下，因为恰好在讨论这个例子，"前者"（Ersteres）和"后者"（Letzteres）这两个词，如前文所示，只有在分别代表了几个词的时候我们才能使用它们，但是如果只代表一个词，还不如重复这一个词好了。通常来说，希腊人会毫不犹豫地采取这种做法，而法国人却急于避免重复用词，德国人有时会把"前者"和"后者"混淆，导致读者也被弄得分不清何为"前者"何为"后者"了。

我们看不起中国的汉字，但既然文字的任务都是通过视觉符号在他人理性的头脑中创造概念，那么先将听觉符号的某个符号呈现到眼前，并使其首先成为概念的承载者——这显然是一个迂回的过程——然后我们书写的文字就成了一个符号的符号。那么问题来了，听觉符号对视觉符号而言究竟具有什么样的优势，才能诱导我们离开从眼睛到理性的笔直道路，绕一大圈，亦即让视觉符号首先以听觉符号为媒介，再同他人的思想对话？如果按照中国人的方式，让视觉符号成为概念的直接承载者，而不通过声音的转换，显然要更简单。它之所以简单，是因为听觉比视觉更容易受到更多更细微变化的影响，也因为视觉允许各种印象同时共存，而听觉作为一种专门在时间上给予的感觉，是无法做到这一点的。究其原因，可能如下。
（1）天性使然，我们诉诸听觉符号，主要是为了表达我们的情感，但之后也会用来表达思想。这样，我们甚至在还没有想到要发明视觉语言之前，就已经形成了听觉语言。但后来，在有必要创造视觉语言的时候，把视觉语言简化为听觉语言，这要比创造发明或者学习一种全新的、实际上完全不同的视觉语言要简捷得多，尤其是人们很快发现，成千上万个单词可以简化成很少的音素，从而更容易用它们进行表达。（2）诚然眼睛比耳朵更能领会到各种各样的变化，如果没有类似于为耳朵带来变化的工具的话，我们将无法为眼睛带来这样的变化。另外，我们不可能凭借舌头的能言善辩来产生视觉符号，并使它们像我们所听到的那样迅速变化，聋哑人手语的不完美性正好证明了这一点。这就从一开始使得听觉成为语言的基本官能，从而成为理性的基本官能。因此，为何直接的路径却并没有成为最好的路径，归根结底，只是偶然的、外在的原因，而非问题自身的本质原因。因此，如果我们从抽象的、纯理论的和先验的角度来考虑问题，中国人的方法才是真正正确的，人们责备他们略微迂腐，是因为他们没有考虑到客观环境可提供另一条路。同时，实际经验也突显了汉字的巨大优势，即当我们用中文表达时，无需懂得中文，因为每个人都可以用自己的语言阅读汉字，就像我们读出代表数学概念的数字符号一样，汉字也代表了它所要表达的概念，而代数符号甚至适用于抽象的量的概念。因此，正如一个去过中国五次的英国茶商所告诉我的那样，汉字是整个印度洋地区共同的交际媒介，不同国家的商人通过这样的媒介相互了解，尽管他们没有共同的语言，我的英国朋友甚至肯定地认为，汉字将来会以交际媒介的身份传遍全世界，J. F. 戴维斯在他的著作《中国人》（伦敦，1836年，第15章）一书中也给出了与此完全一致的见解。

主动意义的被动语态是罗马语中唯一非理性的甚至荒谬的特征，希腊语的中间音也同样如此。

但拉丁语的一个特殊缺陷就是用"fieri"表示"facere"的被动语态，这也给学习这门语言的人灌输了一个致命的错误，即所有的事物或者至少现在已经存在的事物，都是造出来的。但在希腊语和德语中，"γιγνεαθαι"和"werden"并没有被直接看作是"ποιειν"和"machen"的被动语态,我可以用希腊语说"ονχἔότπᾶν γενόμενονποιονμενον",但这句话无法逐字翻译成拉丁语,而德语却可以将其翻译为:"nicht jedes Gewordene ist ein Gemachtes"(不是所有的东西都是被创造出来的)。

辅音是单词的骨骼,元音是血肉。前者(在个体里)不可改变,后者在色彩、本质和数量上变化很大。因此,在多个世纪的变迁中,甚至从一种语言过渡成另一种语言,单词通常保留了它们的辅音,但它们的元音却很容易改变,所以在词源学上,我们应该更多地关注辅音而不是元音。

"迷信"(superstitio)一词,我们在德尔·里约的《魔术精释》和魏格赛德的《神学教义的建立》的"绪论"第1章第5节中,都找到了各种各样的词源。然而,我怀疑这个词的起源从一开始,就仅仅用于表达对鬼魂的信仰,即:"defunctorum manes circumvagari, ergomortuos adhuc-SUPERSTITES esse"(逝去的灵魂四处游荡,亦即逝去的人依然活着)。

我认为"μορωα"和"forma"是同一个词,跟"renes"和"Nieren","horse"与"Ross"一样,希望我在这里说的不是什么新鲜事。同样，在希腊语和德语的相似之处中，最重要的一点是两种语言的最高级都是由"st(—ιστοζ)"构成，而拉丁语则不是这样的。很快，我怀疑我们已经知道了"arm"（贫穷）这个词的词源，即"ερημοζ，eremus"，以及意大利语"ermo"，因为"arm"的意思是"荒芜之地"，即"贫瘠""空洞"（《德训篇》[1]，"ἐρημωόυόι"的意思是"使贫穷""使枯竭"）。另外，我相信大家已经知道"Untertan"（臣民、奴隶）源自古英语"Thane"（奴隶）了吧，这个词在《麦克白》中经常用到。德语"Luft"（空气）源自盎格鲁-撒克逊语，英语词汇"lofy、the loft、le grenier"仍保留了这样的意思，因为人们一开始用"Luft"只是表示"上面、大气"，就像人们仍用"in der luft"表示"上面"的意思一样。盎格鲁-撒克逊人的"first"在英语中保留着其常规的含义，但是在德语中，只留下了"Fürst"（亲王、诸侯）这个含义。

此外，我认为"Aberglauben"（迷信）和"Aberwitz"（狂

---

[1]《德训篇》是公元前2世纪的一部希伯来文箴言书，后被译为希腊文。——编者注

热、愚蠢）这两个词源自"Uberglauben""Uberwitz"，中间经过了"Oberglauben""Oberwitz"（就像"Uberrock"和"Oberrock"，"Uberhand"和"Oberhand"），然后"O"被误传为"A"，就像在"Argwahn"（怀疑）中，"A"被误传为"O"，而变成了"Argwohn"。我还认为，"Hahnrei"（戴绿帽子的人）是对"Hohnrei"的一种曲解，在英语中，"Hohnrei"是指一种嘲笑的感叹："o, Hone-a-rie!"这可见于托马斯·穆尔[1]的《拜伦勋爵的信件和日记，附带其生平介绍》。总体说来，英语是一个宝藏库，在那里我们可以重新找到古德语词汇，也可以找到那些仍在使用的德语词汇的原始含义，例如，上面提到的"Fürst"（亲王）一词的原始含义就是"第一"。在新版《德国神学》的初始文本中，仅从英语单词我就能知道并理解好些词语，至于"Epheu"源自"Evoe"，应该也不是什么新观点吧。

"Es kostet mich"不过是一种煞有其事的、做作的和由来已久的口误，"kostet"和意大利语"costare"一样，都源自

---

[1] 托马斯·穆尔（1779—1852年），爱尔兰爱国主义诗人。——编者注

"constare"，因此，"Es kostet mich"也就是"me constat"，而不是"mihi constat"，"Dieser Loween kostet mich"这句话不该由动物的主人来说，只能由被狮子吃掉的人来说。

"Coluber"（蛇）和"Kolibri"（蜂鸟）之间的相似之处一定是完全偶然的，或者，因为蜂鸟只出现在美洲，所以我们要从人类的早期历史中寻找其来源。这两种动物是不同的，甚至是对立的，因为蜂鸟通常被称为"praeda colubri"（蛇的猎物），由此可见，一定是发生了某种混淆，与此类似的是，在西班牙语中，由于某种混淆，"aceite"指的不是"醋"而是"油"。此外，我们还发现，许多原本该是美洲的名字，却与古代欧洲的名字有着惊人的吻合，例如，柏拉图的"阿特兰提斯"（Atlants）与墨西哥古老土著的名字"Aztlan"相吻合，"Aztlan"至今仍存在于墨西哥城镇，如马萨特兰（Mazatlan）和托马特兰（Tomatlan），以及秘鲁的索拉塔（Sorata）和亚平宁半岛的索拉特斯（Soractes）。

今天的德国学者（根据《德国季刊》1855年10月—12月）将德意志语言分为以下几个分支：（1）哥特语分支；（2）斯堪的纳维亚语分支，包括冰岛语、瑞典语和丹麦语；（3）低地德语分支，由此分出低地德语和荷兰语；（4）佛里斯兰语分支；（5）盎格鲁-撒克逊语分支；（6）高地德语分支——这应该是从公元7世纪开始出现的，并分为老、中、新高地德语。这个体系并不新鲜，因为其早就由瓦赫特在《日耳曼语字词样本》（莱比锡，1727年，参见莱辛，《汇编》第2卷第384页）中提了出来，瓦赫特同样否定了哥特语起源。但我认为，在这个体系中，爱国主义多过真理，而我支持诚实正直且有见地的拉斯克所建立的体系。源自梵语的哥特语，又分为三种方言：瑞典语、丹麦语和德语。古德语的情况已无从知晓，但我冒昧推测，这种语言与哥特语完全不同，与现代德语也截然不同，但起码就语言而论，德国人是哥特人。没有什么比印度·日耳曼语言这样的说法更令人恼火的了，这是把《吠陀经》的语言与上述游手好闲之徒的粗话混为一谈。"看我们的苹果多么善泳！"所谓的日耳曼神话，更准确地说是哥特神话，连带着尼伯龙根的神话，等等，从冰岛和斯堪的纳维亚发现的要比从德国那里发现的完善和真实得多，事实上，挪威遗址、古墓出土的文物、北欧古典时期的文字字符，等等，都证实了与德国相比，斯堪的纳维亚在各方面都取得了更高发展的文明。

值得注意的是，与英语不同，法语中没有出现过任何德语单词，因为在公元5世纪，法国被西哥特人、勃艮第人和法兰克人占领，并由法兰克国王统治。

"Niedlich"（俊俏、秀气）源于古德语"Neidlich=Beneidens-werth"（令人羡慕的），"Teller"（碟子）源于"Patella"（膝盖骨），"Viande"（肉食）则源于意大利语"Vivanda"（肉、食物）。"Spada、espada、épée"源于"$\sigma\pi\acute{\alpha}\theta\eta$"（剑），例如泰奥弗拉斯特在《品格论》的第24章，"$\pi\varepsilon\rho\grave{\imath}\delta\varepsilon\iota\lambda\acute{\imath}\alpha\zeta$"就用了这一含义。"Affer"（猿猴）源于"Afer"（非洲人），因为最先把猿猴带给德国人的罗马人就是用这个词来描述猿猴的。"Kram"（无用杂物）源于"$\chi\rho\tilde{\alpha}\mu\alpha,\chi\varepsilon\rho\acute{\alpha}\nu\upsilon\mu\iota$"（混合物），"Taumeln"（眩晕）源于"temulentus"（陶醉）。"Vulpes"（狐狸）和"Wolf"（狼），这两个词很有可能是因为在某种情况下混淆了犬属的两个物种，而关联在一起。"Welsch"则很有可能只是"Gälisch"（盖尔语）的另一种发音，"Celtic"（凯尔特语），对古代日耳曼人来说是一种非日耳曼语，或者说是非哥特语，这个词现在的意思是意大利语，也就是罗曼斯语。"Brod"（面包）源于"$\beta\rho\omega\mu\alpha$"（菜肴）。"volo"（我想要）和"$\beta o\nu\lambda o\mu\alpha$"，或者更确切地说，与"$\beta o\nu\lambda\omega$"在词根上是同一个词。"Heute"（今天）

和"oggi"都源于"hodie",但二者之间并没有相似之处。德语的"Gift"(毒药)和英语的"gift"拼写是一样的,源于"geben"(给予)和"eingegeben"(被施予的),所以有了"vergeben"(授予、赠与)而不是"vergiften"(毒害)。"Parlare"(说)很有可能来自"Perlator"(传递者),所以就有了英语单词"parley"。"to dye"显然与"δεσω, δενευ"(沾湿、涂抹)有关,正如"tree"(树)与"δρυζ"(橡树)有关一样。"Katze"(猫)则源于"Catus"(雄山猫),"schande"(耻辱)则是出自"scandalum",而这或许又与梵文"tschandala"有关。"Ferkel"(猪崽)源于"ferculum"(一道菜),因为它是完整上桌的。"Plärren"(大声哭闹)源于"pleurer"(哭泣)和"plorare"(哭闹)。"Füllen"(装满)、"fohlen"源于"pullus"(雏鸟)。"Posion"(毒药)和"Ponzonna"源于"Potio"(药剂、药水)。"baby"(婴儿)出自"Bambino"(小孩子)。古英语"Brand"(火炬、剑)则由意大利语的"Brando"(剑)演变而来。"Knife"与"canif"是同一个词,也许都源于凯尔特语。"Ziffer、cifra、chiffre"和"cipher"极有可能都源于威尔士语,出自凯尔特语"Cyfrinach"(奥秘)(皮克特,《吟游诗人之谜》,第14

页)。意大利语的"Tuffare"(浸泡)与德语的"taufen"(给……洗礼)是同一个词。"Ambrosia"(众神的食物)似乎与"Amriti"(不朽)有关,"Asen"(斯堪的纳维亚众神)或许与"αισα"(命运)有关。奇怪的是,"Geiβ"(雌山羊)是"zieg"(山羊)的倒写。英语的"Bower"(村舍)就像是德语的"Bauer"(笼子)。

我知道梵语学者和语言学家倾向于采用与我截然不同的方式,从词的来源中推导出词源,然而,我还是希望我对这门学科的浅薄涉猎能够对某些人有所裨益。

论教育

根据我们智力的特征，概念应该是从直观认知中被抽取出来的，因此，直观认知要先于概念。如果认识的过程的确如此，那么就像那些纯粹以自己的经验为导师、以经验为书籍的人一样，他非常清楚每一个直观认知隶属于哪一个概念，并被这一概念所代表。他对二者有精准的认识，并能据此准确地处理发生在他身上的每件事。我们把这种方式称为自然教育。

另一方面，非自然教育，即在人们还没有对直观的世界有广泛认知之前，会通过讲课、教授以及阅读等形式，将概念塞满大脑。随后经验会为所有概念提供直观认知，但在这之前，人们会错误地运用这些概念，因此，人与事物就会被人们以错误的观点判断，以错误的眼光看待，以错误的方式对待。就这样，教育制造出了扭曲而偏颇的头脑，这就是为什么我们在青少年时期，经过长期阅读与学习之后再踏入社会时，会有点愚笨又有点乖戾，表现得时而紧张局促，时而莽撞轻率，因为此时我们的头脑充斥着各种概念并试图运用这些概念，但几乎总是以错误的和荒诞不经的方式运用。这种"本末倒置"让我们首先获得所有概念，最后才直观感知，这与思想智力的自然发展过程完全相悖，但老师们关心的并不是培养和发展孩子的辨别、判断和独立思考能力，而是把别人现成的观点一股脑地填入孩子的头脑中。纠正概念的错误应用而导致的错误判断，将是一个漫长的过程，这种纠正鲜能成功，因而，具备基本常识的学究少，而白丁众多。

综上所述，教育的关键在于从正确的起点出发，去了解世界，这可以说是一切教育的目的。但如我所说的，这主要取决于能否做到：在每一件事物中，直观认知先于概念，狭义概念先于广义概念。这样，整个教学就会按照事物概念彼此预设的顺序进行。在这个程序中，一旦跳过某个环节，就会导致片面概念的产生，由此产生错误的观点，最终形成具有个人特色的扭曲世界观，大部分人都会在某些时候持有这样的世界观，甚至许多人终其一生都秉持着这样的世界观。无论是谁，只要亲身试验过就会发现，只有到了相当成熟的年纪，有时候是忽然之间，才能准确而明晰地理解许多非常简单的事物和境遇。在此之前，他对世界的认识，总存在模糊之处，这是因为早期教育跳过了某个环节，也许是老师造成的，也有可能是本性使然，是自身经验所致。

因此，我们应该尝试考察人类获取知识的自然顺序，以便让孩子们有条不紊地熟悉世界的事物与状况，而不必向他们灌输那些难以消除的荒谬观点。我们首先必须防止孩子运用那些他们还没有明晰其概念的字词[1]，但关键之处始终在于直观认知应先于概念，而不能将其颠倒——这往往是我们所看到的不幸情形，就像有时婴儿出生时脚先面世，诗歌创作时韵脚先行一样！也就是说，当孩子的思想在直观认知方面还很匮乏的时候，事实上，概念和判断，或者说偏见，就已经在他的头脑里形成印象了，随后他将会把这些现成的东西套用于直观认知和经验上。概念和判断应是直观认知和经验的结晶，直观认知是丰富多样的，但在简便快捷方面，无法与能将一切事物快速概括总结的抽象概念相匹敌。所以，要纠正这种先入为主的观念，需要花费很长时间，甚至有可能永远都纠正不过来，因为无论直观认知的哪一方面与先入为主的观念相对立，都会被斥之为片面，甚至被直接否定。如果人们对直观认知视若无睹，

---

[1] 有这样一种可能倾向，孩子甚至也会满足于字词的运用，而不是去试图理解事物本身。他们将这些词汇背下来以期在必要时可以蒙混过关。他们长大后仍保留着这种倾向，这也是许多有学识的学者金玉其外的原因。——原注

那么先入之见就不会受到伤害，因此许多人终其一生都背负着谬见、怪思、妄念和幻想，这些最后都变成了固化的观念。事实上，这些人从未尝试过自己从直观感知和经验中总结基本概念，他们全靠全盘接收现有的概念生活，正是这一点，使得他们同无数其他人一样肤浅乏味。所以，我们千万不能这样做，要从孩提时就遵循知识形成的自然过程，概念必须通过直观认知的方式引入，否则，概念无论如何都无法得到证实。如此一来，孩子虽然只获得了很少的概念，但这些概念都是准确而有根据的，然后，他将学会用自己的标准而不是别人的标准去衡量事物，这样他们才能永远不沾染众多妄念与偏见——否则根除这些妄念和偏见需要大半辈子的人生经验和生活教训。之后，他们的头脑将永远习惯于自身彻底而澄明的判断，并脱离偏见。

通常来说，孩子不应该在了解生活的原形之前，通过摹本去熟悉生活的任何方面。因此，不要急于把书本塞进他们的手中，我们要让他们逐步了解事物和人类的境况。最重要的是，我们应该尽力引导他们清晰地认识现实生活，并使他们能够直接从真实的世界中提取概念。他们的概念形成应该基于现实，而不应该从书籍、童话故事，或者别人的谈话中生搬而来，再把这些东西套在现实生活当中。如果是这样的话，他们的头脑中会充满幻想，会在某种程度上错误地解释现实，或者依照幻想徒劳地尝试重构现实，从而在理论上或者实践上误入歧途。早期植入的幻想以及由此产生的偏见，对他们造成的伤害是无法估量的，在往后的日子里，世界与真实生活所给的继续教育主要是在消除这种偏见。根据第欧根尼·拉尔修[1]（第6卷）的记载，甚至安提斯泰尼[2]做出的回答也是在阐述上述道理：当被问及什么是最需要学习的内容时，他答道："忘却不好的东西。"

正因为早期吸收的错误往往深刻且难以磨灭，而判断力却成熟得最晚，所以我们应该让未满16岁的孩子，远离任何可能包含巨大谬误的理论和教条。同时也应该让他们远离所有哲学、宗教以及形形色色的泛泛之论，只能学习那些没有错误（如数学）的学科，或者不危险（如语言学、自然科学、历史学等）的学科。一般来说，孩子们应当学习在他们的年龄段能够

---

[1] 第欧根尼·拉尔修，生卒年不详，生活于3世纪，希腊哲学史家，代表作有《名哲言行录》。——编者注
[2] 安提斯泰尼（公元前445—公元前365年），古希腊哲学家，苏格拉底的弟子之一。——编者注

接触到的,可以完全理解的学科。童年时期和青少年时期是收集信息,对个别以及特定事物进行专门而深入了解的时期,此时判断力尚未成熟,最终的答案需在多年以后才能得出。由于判断力是以成熟和经验为前提,所以需要暂且搁置,并警惕反复灌输的偏见在孩子脑中先入为主,否则会导致他们判断力的永久瘫痪。

另一方面,由于记忆力在青少年时期最为强大和牢固,因此应该被特别利用,但这种特别利用应该在最谨慎的选择和审慎的考虑下进行,青少年时期学到的知识毕生难忘,因此我们要好好利用这种宝贵的记忆能力,以获得最大的收益。回想一下,在生命最初的十二年里,认识的人给我们留下的印象多么深刻,那些年发生的事情以及我们当时的大部分记忆、听到的和学到的东西所留下的印象多么难以磨灭,那么,把教育建立在青少年的接受力和顽强意志之上,严格地、有条不紊地、系统地按照规范与准则来引导所有的印象,便是再自然不过的想法了。青葱岁月不过数载,而记忆力,尤其是个人的记忆力常常十分有限,因此最要紧的事是把每个学科最基础和最关键的知识传授给青少年,余者则一概免去。这种筛选工作势在必行,并且应交由每一学科的佼佼者和大师负责,在他们经过深思熟虑后，方能确定筛选结果。这样的筛选，必须建立在对一个人总体来说什么是重要且必要的，以及在特定的职业或学科中什么是重要且必要的基础上。同时，第一类知识必须细分为各级课程或百科全书，以适应每个人因外部环境的不同，而需要的不同层次的普通教育，它以一门最基础的初级教育课程作为开端，以哲学类所有科目的内容汇编作为结束；第二类知识则将选择权留给每个学科分支中真正的大师。整个体系将提供一套专门编制的智力教育准则，每十年修订一次。通过这样的安排，青少年的记忆力能得到最大限度的利用，并在之后判断力开始形成时，为其提供很好的素材。

一个人认知力的成熟，即个体臻于完美，其实质是个体所掌握的抽象概念与直观认知之间，建立了一种精确的关联，因此，他的每一个概念都直接或间接地建立在直观认知的基础上，只有通过直观认知，概念才真正具有价值。此外，认知力的成熟还在于他能够把自己的每一个直观认知都纳入正确而适当的概念之中。这种成熟是经验的产物，也是时间的产物，因为我们通常都是分别获得直观认知知识和抽象知识的，前者以自然的方式获得，后者则是通过别人或好或坏的教导和传达方式获得，所以在我们年轻时，那些仅由文字确定的概念，和通过直观认知获得的真正知识，往往很难一致并结合，唯有二者同时进行，才能互相纠正，而认知力的成熟只存在于它们完全共同成长时。这种成熟并不取决于个体能力的完美程度，个体能力的大小不是基于抽象知识和直观知识的联系，而是基于二者的强度。

对于讲求实际的人来说，最需要的是关于人情世故准确而透彻的知识。但这种学习最为乏味，因为这种知识须活到老学到老，而在科学领域，一个人在年轻时就能掌握最重要的知识。人情世故的学问，是作为初学者的青少年务必学习的首要课程，也是最难的课程，就算是成年人也要在这方面补很多课。这种学问本身就颇为困难，但这种困难在小说里又成倍增加了，因为小说里描述的人的行为与事态的发展，并非现实中真正发生的，而轻信的青少年现在就接受这些，导致其思想被同化，原本只是单纯的消极无知，现在却被一大堆错误的假设所取代，成为肯定的错误，随后甚至混淆了现实经验所带给他们的教诲，并让他们错误地理解了这些教诲。如果说青少年过去是在黑暗中摸索，那么现在则是被鬼火引入歧途，通过小说，一种全然错误的人生观被强加到他们身上，并唤起他们对生活永远无法实现的期望，在许多情况下，这将给他们的一生带来极其恶劣的影响。而女孩尤甚，从这方面来讲，那些年轻时没有时间也没有机会阅读小说的人，如手艺人、修理工等，则具有更明显的优势。只有少数小说不应受到上述指责，事实上，它们大多数会产生相反的效果。例如勒萨日[1]的《吉尔·布拉斯》和他的其他作品，另外还有《威克菲尔德的牧师》，以及沃尔特·司各特[2]爵士的其他小说。《堂吉诃德》则可以被视为是讽刺嘲笑上述错误之路的作品。

---

[1] 勒萨日（1668—1747年），法国翻译家、作家，代表作有《布雷卡》《吉尔·布拉斯》等。——编者注
[2] 沃尔特·司各特（1771—1832年），英国著名历史小说家、诗人，代表作有《艾凡赫》等。——编者注

论面相

人的外在是内在形象的再现,面貌则是全部本性的表达和流露——这一假设的先验性和可靠性,可以从下述内容表现出来:人们普遍对那些因行善或作恶而出名的人,或者那些做出非凡贡献的人,都有着想去一睹风采的热切愿望,若这个愿望不能实现,至少也要向别人打听此人究竟长什么模样。因此,一方面,人们纷纷涌向他们以为的名人所在地,另一方面,报纸,尤其是英国报纸,竭尽全力地对名人作详尽而生动的描述;后来,画家和雕塑家则把名人形象直观再现出来;最终,达盖尔的发明[1]彻底满足了这种需求,并因此受到了高度重视。同样,在日常生活中,我们也会对遇到的每一个人的面相进行评价,私下预判他的品德与先天智力。但如果像一些愚蠢之辈想象的那样:人的外在毫不重要,灵魂是一回事,身体是另一回事,身体之于灵魂如同衣服之于人。那么,就不可能发生上面那种情况了。

---

[1] 指法国人达盖尔首创的"银版摄影术"。——译者注

相反，每个人的面孔都是能够被破译的象形文字，事实上，我们正携带着现成的文字笔画。通常，人的面孔比舌头所表达的要有趣得多，因为面孔是表达者想要表达的一切的概要，是表达者所有思想与愿望交织的图像。舌头往往只能表达一个人的思想，而面孔却阐述了大自然的想法。因此，每个人都值得我们细细观察、琢磨，尽管他可能并不值得交谈。如果说每一个人都值得被作为大自然的一种特殊思想或者观念去看待，那么最高程度的美也同样如此，因为这是一种更高更普遍的自然概念，即大自然对物种的概念。这就是为何美如此引人注目，因为美是大自然最主要和基本的思想，而个体只是一个次要思想，一个必然的结果。

所有的人都有一个心照不宣的准则，即人看起来是什么样的就是什么样的。这个准则正确无疑，但困难之处在于如何应用这一准则。这一应用能力，部分源于天赋，部分源于经验，然而，没有人能够完全掌握，即使是最谙于此道的人也会有看走眼的时候。然而，无论费加罗怎么说，脸都不会说谎，就算真有错误，也只是我们以为读到了一些其实并不存在的信息。对面相的解读是一门伟大而困难的艺术，其原理永远不能从抽象中习得。首要条件是，我们要以纯粹客观的眼光看待被观察者，这并不是一件容易的事，也就是说，只要掺杂半点厌恶或喜爱、恐惧或希望，甚至我们会给他留下什么印象之类的考虑，总而言之，任何主观意识，一旦与对他的看法杂糅，这种面相的象形文字就会变得混乱失真。就像语言的声音，只有不懂这种语言的人才能听见，否则，语言的声音会立即被意识的描述符号代替。因此，一个人的面相，只有对这个人还不熟悉的人才能读懂，也就是说，一个不常见面的人，或没有与他说过话的、不熟悉他相貌的人才能看透这个人的面相。因此，严格来说，我们只有在初次见面时，才会对一张脸有纯粹客观的印象，才有可能破译它。就像初闻方知气味，初品才知酒香一样，面孔只有在第一次出现时才会给我们留下完整的印象。如果我们相信自己对面相的感觉，就应该认真留意那些对我们来说很重要的人，他们留给我们的印象，应当记下来甚至是写下来，因为之后在相识与交往中这种初印象会被抹去，但终有一天，后续的事情会印证那最初的印象。

与此同时，我们不会对自己隐瞒这样一个事实，即与他人的初次见面往往令人极度不适。大多数人，是多么没有价值啊！除了极其罕见的美丽、善良和智慧的面孔外，我相信那些心思细腻的人，在看见一张新面孔时，都会有某种类似于震惊的感觉，因为这张脸以一种新的、令人惊讶的组合，呈现出令人不悦的模样。的确，人们通常都长得令人遗憾，甚至还有一些人的脸上简单粗暴地刻着粗鄙卑劣的性格特征，以及如动物般智力有限的印记，人们不禁疑惑，他们怎么可以不加修饰地以这副尊容行走于世？事实上，有些面孔，我们仅看一眼，就会觉得眼睛受到了玷污，因此，我们不必苛责那些拥有特权可以避开众人，能够完全摆脱因"看到新面孔"而痛苦的人。在对这一问题进行形而上的解释时，我们还必须考虑到这样的事实，即人的个性恰恰应该通过其生活经历进行改造和纠正。另一方面，如果我们寄希望于得到心理学解释的话，不妨问问自己，我们又能期待那些终其一生，内心除了狭隘、刻薄、卑鄙的念头，除了低俗、自私、妒忌、邪恶与恶毒的欲念以外，别无他物的人，拥有怎样的面貌呢？所有内心存在过的事物，都会在脸上留下痕迹，如此反复，所有的痕迹，随着时间的推移，逐渐变成深刻的皱纹。因此，大多数人的面相，乍见之初，会令人感到惊惧，但我们只能慢慢适应和习惯这样的面容，麻木于他们留给我们的印象，直到他们不再影响我们分毫。

但是，面部的永久表情是通过面部无数次的、转瞬间的、独特的紧绷与收缩形成的，这是一个缓慢的过程，这也正是智慧的面容只能渐进形成的原因。智者只有到了老年，才能显现出超群、高贵的面容，而从他们年轻时的肖像中，只能初见端倪。另一方面，我方才所说的乍见之惊与前面的观点吻合，即只有初次见面，面相才会给我们留下准确而完整的印象。因此，为了获得一个人给我们留下的纯粹客观的真实印象，我们不应与这个人发生任何关联，事实上，若条件允许，我们还必须不曾与他有过交谈，因为每一次谈话，都会在某种程度上建立好感，从而将我们带入某种融洽的、相互作用的主观关系中，而这种关系会立刻影响我们的客观判断。再者，每个人都渴望为自己赢得尊重和友谊，被观察的对象也会立即施展他已经娴熟的各种伪装技巧，他会装模作样，向我们献媚、笼络我们，让我们很快忽视掉那些第一眼就已经看清楚的东西。因此，俗话说的"大部分人越亲近越了解"，其实应该是"越亲近越迷惑"，但往往只有在糟糕的事发生以后，才能嘲讽般地，证实第一眼判断是正确的。此外如果"增进了解"，立马就产生敌对情绪的话，那么人们也不会因此而有所收获了。所谓的"越亲近越了解"的另外一个原因是，在第一眼印象中，其面相已经向我们发出警告的人，当我们同他交谈时，他不仅会向我们表现他的真实本性和性格,还会向我们展示他所受过的教育,也就是说,他不仅表现了他本来是谁,还表现了他从人类的共同财产中拿来的东西,其中他言辞中的四分之三不属于他自己,而是源自外界。我们常常讶异于听到米诺多(希腊神话中的人身牛头怪物)竟能说出如此人性化的话语,但是如果我们与"亲近交情"有更进一步接触的话,他面相中早已预告了的"兽性",将会很快"呈现出精彩的暴露"[1]。因此,凡是天生对面相敏锐的人,务必要仔细注意他们在与我们建立亲近关系之前的面相表达,那是纯粹而真实的。因为人的面相直接表明了他是什么样的人,如果一个人的面相欺骗了我们,那么错不在面相,而在我们。相比之下,一个人的话语表达的仅仅是他的所思,并且在更多情况下表达的只是他的所学,甚至只是他伪装的所思。此外,当我们与他对话,或者只是听他与别人对话时,我们容易忽略他的真实面相,因为我们容易无视他本质和直露的东西,而只注意他说话时面部表情的变化——但这些面部表情的变化却是他有意而为之,是他为了向他人展示其美好一面的手段而已。

[1] 原文出自歌德的《浮士德》第1部。——原注

苏格拉底为了测试被引荐的年轻人的能力，对他说："说点什么，好让我能看见你"，这种测试是对的（他理解的"见"不仅仅是听见）。因为一个人只有在说话时，他的五官，尤其是他的眼睛才会活跃起来，智力与能力才会在面部表情的活动中留下痕迹。这样，我们就可以对他的智慧程度和能力作一个预判，而这正是苏格拉底的目的。必须强调的是，首先，苏格拉底的方法并不能延伸到道德品质方面，因为道德品质隐藏得更深；其次，当我们同他人说话时，通过他人面部表情变化的清晰活动，而客观获得的印象，又将通过他人紧接着与我们建立的私人关系，从主观上失去，这会给我们一种轻微的迷惑，正如我已经阐述过的，交谈不能使我们保持冷静，且不带偏见。因此，从这最后的观点来看，"不要说话，好让我能看见你"似乎更准确。

要对一个人的面相有纯粹而基本的认识，就必须观察他一个人独处时的模样。与他人的交谈和交流，已经让他产生了某种不属于他但常常对他有利的"映象"，他通过与人互动而变得活跃兴奋，并因此得到了提升。相比之下，当一个人独处时，他会沉浸于自己的思想与感情深处，只有这时，他才能完全绝对地成为他自己，一双善于洞察面相的眼睛，能一眼看穿他的内在本性，因为他所有思想与愿望的基调都在其面相上烙下了印记，这是他要成为什么样的人的"arrêt irrévocable"（最终决议），也是只有当他独自一人时才能完全感觉到的东西。

因此，面相术是了解一个人的主要手段之一，从狭义上来讲，这是唯一伪装技巧不能完全奏效的领域，因为伪装技巧，不过是对面部表情变化的模仿而已。正因如此，我建议观察一个人，要在他独处时、在他沉浸于自己的思想时、在无人同他说话之前进行。一方面是只有在这个时候，呈现在我们面前的才是纯粹的面相元素，因为只要一开始说话，面部表情就会开始活动变化，他就会立即运用已经烂熟于心的所有伪装技巧，另一方面则是因为，每一种私人关系，即便是最短暂的关系，都会使我们产生偏见，从而主观地破坏我们的判断。

还需要说明的是，在一般的面相术中，了解一个人的智力水平要比了解一个人的道德水平容易得多。也就是说，一个人的智力水平更趋向于外在表现，这种表现不仅体现在面孔及其表情活动上，也体现在步态上，每一个动作，哪怕只是细小的动作都会有所体现，人们也许仅从背后观察，就能分辨出这个人究竟是一个傻子、小丑，还是聪明人。傻子的特点是所有行动都无精打采，小丑的每一个手势都打上了小丑的烙印，而聪慧勤勉的人也是以同样的方式得以体现。拉布吕耶尔[1]的这些话也正是基于我说的这个道理："我们的行为举止无一不在暴露和出卖我们，再没有比这更微妙、更简单、更细腻的道理了。一个傻子无论是进来、出去、坐下、起立，还是安静不语或者止步不动，都与聪明人截然不同。"由此也可以附带解释平庸者所具备的"笃定而敏捷的直觉"（根据爱尔维修《论精神》的说法），平庸者凭此认出和逃离有智慧的人。这主要取决于这样一个事实：大脑越发达，脑容量越大，与大脑相连的脊髓和神经相对越薄，人的智力就越高，与此同时，四肢也就越灵巧活泛，因为这些四肢活动都是由大脑进行更为直接明确的控制，因此，一切都是系于一端，每一个动作的目的都得到了精确表达。这里说的也类似于这样一个事实，甚至确实与这样一个事实有关：在生物中等级越高的动物，就越容易因为身体的某一处受伤而丧命。以两栖动物为例，它们的动作是多么呆滞、无力、缓慢，它们没有智慧，却拥有极其顽强的生命力。这一切，可以从这样一个事实得到解释：它们的脑

---

[1] 拉布吕耶尔（1645—1696年），法国哲学家、道德家，代表作有《品格论》。——编者注

容量虽然很小,但脊髓和神经却很厚。一般来说,步伐和手臂的摆动,主要是大脑的功劳,因为,外部肢体的动作,哪怕是最小幅度的动作,也是通过脊髓神经,由大脑控制的。这也是随意的有意识活动会使人感到疲惫的原因,跟疼痛感一样,这种疲劳感存储于大脑中,而不是像我们想象的那样,存储在四肢中,因此导致睡眠。而那些不由大脑引发的活动,如心脏、肺等有机生命活动,是自发的、无意识的,因此不会引起疲劳。当一个大脑既负责思维,又负责控制四肢时,根据个体结构,大脑的活动特征就会既表现在思维活动里,又表现在四肢活动里,愚蠢的人机械般行动,而聪明的人的每一个关节都是对事实的雄辩。然而,通过一个人的体态和动作了解其精神品质的收效,远不如通过面部、眉毛的形状和大小、五官的收缩及灵活性,以及眼睛来得更快,尤其是眼睛,从小而浑浊、呆滞无光的猪眼,逐级而上直至闪烁着光芒的天才的眼睛。精明而审慎的眼神,哪怕是最敏锐的那种,也不能与天才相提并论,因为前者始终带有为意欲服务的烙印,而后者摆脱了意欲的奴役,是自由的。因此,斯科扎菲奇在《彼特拉克的一生》中讲述的轶事,是完全可信的,这段轶事摘自同时代诗人约瑟夫·布里维乌斯的作品,说的是有一回,彼特拉克和许多王公贵族在盖拉索·维斯康蒂的宫廷里，盖拉索·维斯康蒂让他那当时还只是小男孩，后来成为米兰第一公爵的儿子，从人群中挑选出最聪明的人来，男孩观察了一会儿，然后抓住彼特拉克的手，将他引至父亲面前，在场的人皆对其交口称赞。大自然给天之骄子清晰地盖上了尊贵的印章，就连小孩都能辨认。因此，我想奉劝那些有识别力的同胞，下次再要觉得有必要在长达三十年的时光里，将一个庸碌之辈四处宣传为一个伟大的人，想达到这个目的，就不要选择像黑格尔那样长着税吏嘴脸的人了，因为大自然已用娴熟的字体在他的脸上清楚地写下了"平庸之辈"几个大字。

道德层面和人的性格层面，与人的智力层面并不相同，从面相术的角度对此进行辨认要难得多，因为这是形而上学的，有着无可比拟的深度，诚然它与生物组织体、有机体相关联，但却不像智力那样直接地，与有机体的某个特定部分或系统有联系。另一个事实是，尽管每个人都将自己的才智作为某种满意的作品进行公开，并极力在所有场合展示，但鲜少会将道德品质全部曝光于阳光之下，反而总是将道德品质刻意隐藏。长期的实践，使得人们掩饰自己的本事越发高明。但正如我已经阐述过的，邪恶的思想和毫无价值的野心会逐渐显露在脸上,尤其会在眼睛里留下痕迹。因此,单从面相判断,我们就能轻易断定某个人永远都创作不出不朽的作品,但却不敢保证此人永远都不会犯下严重的罪行。

人生的智慧

幸福非易事，自身难以给予，别处亦无从寻觅。

——尚福尔

引言

在这篇文章里，我认为"人生的智慧"的意义是完全形而下的，即是教人如何尽量幸福、圆满度过一生的艺术，这种艺术理论可称为"幸福论"。因此，本文旨在指导人们如何拥有幸福人生。若从纯粹客观的角度考虑，或者说通过冷静和成熟的思考（因为这里涉及主观判断），幸福人生或将被重新定义为：明显胜过非存在的存在。基于这种观点，我们可以定论：我们珍视人生是因为幸福本身，而非惧怕死亡，并且我们希望人生可以延续，直到永远。至于人生是否或者能否与如此定义的存在相吻合，这本身就是一个问题。如你所知，我的哲学已经就这个问题给出了否定的回答，但"幸福论"却就这个问题预设了肯定的答案，这种理论基于人天生就有的一个错误，我在我的主要著作的第2卷第49章已对这种错误进行过批判。然而，为求证这一答案，我不得不完全放弃我哲学真正指向的，更高的形而上的伦理立场。因此，本文所作的讨论，只是从寻常的经验主义立场出发，并保留此立场相关错误的话，在某种程度上，这确实是经过了折中处理的。这些讨论价值有限，因为"Eudemonology"（幸福论）一词原本不过是一个委婉词而已。此外，本文的探讨亦不能面面俱到，一是由于这些内容永无穷尽，二是由于若要展开全面的讨论，难免落入窠臼，重复别人说过的话。

在我的印象中，只有卡丹奴斯的《论逆境》与我这本箴言集锦目的一致，那本书颇值得一读，并可以作为本书的补充。当然，亚里士多德在其著作《修辞学》第1部分的第5章对"幸福论"引入了简短的论述，但这些论述只是枯燥的老生常谈。我没有采用前人的观点，因为汇编他人的观点并非我的工作，况且，这样会令我的观点不能一以贯之，而观点的连贯性是这类著作的精神与灵魂。诚然，古今圣贤之所见略同，愚者之所为也大抵殊途同归，而圣贤之所见与愚者之所为相背离，乃亘古之常态。因此，伏尔泰说过："当我们离开时，世界依旧愚蠢而邪恶，一如我们来时所发现的那样。"

人是什么？

我们已经大致认识到，"人是什么"比起"人拥有什么"和"他人的评价"更能给人带来幸福。"人是什么"和"人拥有什么"才是关键，因为无论何时，无论身在何处，人的个性总是如影随形，他所经历的一切都染上了个性的色彩。在所有事物中，他首先感受到的只有他自己，肉体上的享受如此，精神上的欢愉亦是如此。因此，英语"to enjoy oneself"是一个再恰当不过的例子，例如，人们说"he enjoys himself in Paris"（他在巴黎享受），而不是"he enjoys Paris"（他享受巴黎）。对个性病态的人来说，所有的快乐都宛如嘴里掺杂了苦胆的上等美酒。因此，除了巨大的灾祸外，人之幸与不幸，不是取决于遭遇，而是取决于感受遭遇的方式，以及对事物感受力的程度与性质。他是什么样的人、他自身具备什么样的品质，换言之，个性与价值，才是决定幸福与快乐的唯一直接因素，除此之外，一切都是间接的、迂回的，因此，其作用亦可被破坏、消除，但个性的作用永远不会被磨灭，这也是为何由他人品质激发的妒忌最难平息，也隐藏得最深的缘故。此外，意识的构成持续而恒久，个性或多或少都在不间断地发挥着作用,而其他事物的影响则是暂时的、偶然的、转瞬即逝的,且受制于不断发生的各种变化。所以,亚里士多德说过:"我们能依靠的是我们的本性,而非金钱。"(《欧德谟伦理学》第7卷第2章)正因如此,比起自身造就的不幸,我们更能坦然忍受源自外在的不幸,因为时运易改,而本性难移。因此,自身的品质,如高贵的品格、杰出的才智、开朗的性情、愉悦的精神,以及健康的体魄———言以蔽之,"寓于健康体魄之内的健全的人格"(尤维纳利斯的诗集,第5卷)——乃是幸福首要的也是最重要的因素。所以我们更应该注重保持和提升这样的品质,而不是汲汲营营于外在的财富与荣誉。

在所有品质中,最能直接带给我们幸福的是开朗的性情,因为这一美好品质带来的好处是实时呈现的。开朗快乐的人总有快乐的理由,即他本来就是一个快乐的人。开朗的性情能够取代所有品质,但没有什么能够代替开朗的性情。一个人或许年轻、英俊、富有,或者备受尊敬,但如果想判断他幸福与否,就只能问他是否开朗。他若是开朗,年轻或年迈,挺拔或佝偻,富有或贫穷,又有什么要紧,只要他觉得幸福就够了。我在年少时,曾翻开过一本旧书,首先映入眼帘的是这样一句话,"谁经常欢笑,谁就幸福;谁总是哀哭,谁就不幸福"，这虽是一句非常简单的话，但却包含着朴素的道理，尽管这道理老得不能再老了，但我至今仍然记得。所以，当快乐出现时，我们应该为它敞开大门，因为快乐绝不会来得不是时候。但我们常常为是否让快乐进入心扉而犹疑不决，因为我们想要知道，我们是否有充足的理由感到满足，又唯恐快乐打扰严肃的自省与深沉的忧虑。这种行为能否对人有所裨益充满了不确定性，但快乐却是当下最直接的收获，可以说，快乐本身就是幸福的现金，而其他只是兑现幸福的支票，只有快乐才能让我们在当下获得最直接的幸福。这是最大的恩赐，因为我们存在的真实性，就体现在不尽的过去与无穷的未来之间每一个不可分割的当下。因此，我们应该把获得和提升快乐感作为首要追求。确实，没有什么比财富带来的快乐更少，也没有什么比健康带来的快乐更多，底层人士，尤其是生活在乡村的人，他们的神情更为愉悦、知足，而上层阶级则更阴郁易怒。因此，我们首先要让身体健康，快乐是健康绽放的花簇，而保持身体健康的方法，无非就是避免一切放荡、纵欲行为，避免一切激烈、负面情绪，避免长时间过度精神紧张，每天户外锻炼两小时，冷水沐浴，以及健康饮食。没有适当的日常锻炼，我们就无法保持健康，生命的整个过程都需要适当的运动，不只限于部分关节,而是全身都需要运动。因此,亚里士多德所言不虚:"生命在于运动,生命的本质在于运动。"机体的每一个部位都在永不停歇地快速运动,心脏在复杂的收缩和舒张中,强劲而持续地搏动,心脏每跳动28次,身体的所有血液就沿着动脉、静脉和毛细血管循环一周,肺部像蒸汽机一样不停泵动,肠道不停蠕动,所有的胰腺都在不断地吸收和分泌,甚至大脑,也随着每一次脉搏的跳动与每一次呼吸进行着双重运动。当人缺乏运动时,就像无数整天久坐不动的人那样,外部的静止与内部的骚动形成一种明显的、有害的不协调,因为内部的恒定运动需要某种外部运动的支持,这种身体的内外失调就像某种情绪,在内心翻滚沸腾,但我们不得不强行压制它以免外露,甚至树木,为了枝繁叶茂,也会随风而动。这一规则,我们可以用拉丁语简单地表达:"omnis motus, quo celerior, eo magis motus"(一个动作速度越快,则越能成为运动)。在很大程度上幸福取决于心情是否愉悦,而心情是否愉悦又取决于身体是否健康,关于这一点,我们只需比较自身在身体健康强壮时,和因身体欠佳而导致抑郁焦虑时,外部的环境与事件分别给我们留下怎样的印象和感受,就能一目了然。让我们快乐或者不快乐的,不是客观真实的事物,而是这些事物对我们来说意味着什么,以及我们看待它们的方式。这与爱比克泰德[1]的话不谋而合:"乱人心弦的不是事物,而是人对事物的看法。"总的来说,幸福十之八九依赖于健康,拥有健康,万事万物都是快乐的源泉;失去健康,就失去了一切,甚至其他主观幸福,譬如精神品质、性格和气质等,都会因健康问题而大打折扣。因此,当两人相见寒暄时,首先要询问对方健康状况并祝对方一切安好,这并非没有道理,因为良好的健康状况是幸福的首要条件。由此可见,最大的愚蠢莫过于为了追求名利、晋升、学问和声望而牺牲健康,更不用论肉欲和其他片刻的欢娱了,无论如何,我们都应该把健康放在首位。

虽然健康极大地增进了我们的快乐,而快乐对幸福而言至关重要,但快乐并不完全依赖于健康,因为即使我们拥有健康的体格,也可能性情忧郁,心境沮丧。毫无疑问,其原因在于有机体原始的,不可改变的机体结构,同时也在于应激感知

---

[1] 爱比克泰德(约55—约135年),古罗马斯多葛学派哲学家,是古希腊哲学思想的集大成者,代表作有《爱比克泰德语录》。——编者注

能力和新陈代谢能力之间或多或少的一般联系。过于敏感会导致精神失衡、周期性的狂喜以及挥之不去的忧郁。那么，因为天才的条件是具备异常发达的神经，亦即具备超常的感知能力，所以亚里士多德准确地观察到，所有出类拔萃的人都是忧郁的："凡在哲学、政治、诗歌或其他艺术领域有所建树之辈，都表现得非常忧郁。"

柏拉图用"沉郁"与"开朗"这样的词语来精确形容两种不同的情绪，不同的人对"愉悦"与"不悦"的印象，有不同的感受，因此，令某人发笑的事情，也许会让另一个人近乎绝望。一般来说，对愉悦的感受越弱，对不悦的感受就越强，反之亦然。事情的结局或许有好有坏，"沉郁"者会因事情的结局不尽如人意而生气悲伤，好的结局亦不能令其感到宽慰；"开朗"者不会因为事情结局不好而恼怒伤怀，但会为好结局感到欣喜。十个目标若实现了九个，"沉郁"者依旧不会感到高兴，他只会对未达成的目标耿耿于怀。而开朗者总能从单个目标的成功中找到快乐和安慰。正如世上几乎没有不求回报的魔鬼，因此，忧心忡忡、性格忧郁的人较之无忧无虑、性格快乐的人，要承受更多虚构的不幸与苦难，但会遭遇更少现实的不幸与苦难。因为，总是戴有色眼镜看待一切事物的人，常常担忧出现最坏的情况,并因此时刻备下应对之策,他们不会像总是赋予事物光明前景的人那样,常常失算出错。一个生性沉郁的人,如若又加上神经系统或消化系统疾病的折磨,长此以往,抑郁会导致他对生活充满厌倦而引发自杀倾向,这时,即使是最微不足道的琐事也可能使他自杀,当情况变得糟糕透顶时,连这些琐事也变得无关紧要。一个人选择结束自己的生命单纯只是由于长期的抑郁不满,之后他会以冷静的思考和坚定的决心执行自己的决定,如同一个被监护的病人,会毫不犹豫地抓住每一个防备松懈的时机,内心不再挣扎,无所畏惧并毫不退缩地,利用当下最自然且求之不得的方式解脱自己,埃斯基罗尔[1]在《精神病》一书中详尽地描述了这种精神状态。但在某些情况下,例如,当巨大的痛苦,或无可避免的不幸的程度超越了对死亡的恐惧时,即使是最健康和最开朗的人也有可能选择自杀。唯一的差别在于自杀的必然动机大小有所不同,而必然动机的大小与抑郁程度成反比,抑郁越严重,必然动机越小,到最后,自杀的必然动机可能会降为零,相反,

---

[1] 埃斯基罗尔(1772—1840年),法国精神病学家,代表作有《精神病》《论自杀的偏执》。——编者注

越是健康开朗,自杀的必然动机越大。因此,在自杀的两个极端之间,在仅仅是由于天性沉郁者的病态强化而导致的自杀行为,与健康开朗者的纯粹出于客观原因而导致的自杀行为之间,存在着许多不同程度的自杀案例。

美与健康存在着某些近似之处。美是个人优点,不能真正直接地带来幸福,只能通过给别人留下深刻印象间接地促进幸福,但美至为重要,不仅对女人如此,对男人而言亦是如此。美是一纸摊开的引荐信,帮助我们率先俘获人心。荷马的诗句在此尤为适宜:"美乃神独赐的神圣礼物,并非人尽可得,不可轻视。"

只需大致调查,我们便可知道痛苦与无聊是幸福的两大劲敌。此外,我们可以发现,我们越是成功地摆脱了其中一大劲敌,就越接近另一大劲敌,反之亦然,因此,人生就是在二者之间或剧烈地或微弱地游移,这是由于痛苦和无聊处于外在与内在,或者说是客观与主观的双重对立关系之中。从表面上看,匮乏与贫穷导致痛苦,而富足与安定引发无聊。因此,我们总能看见底层阶级因为贫穷而疲于奔命,即与痛苦进行着永恒的斗争;另一方面,富足的上层阶级则往往与无聊进行着无休止的、绝望透顶的斗争[1]。但痛苦和无聊之间内在的或者说主观上的对立，源于以下事实：个体对痛苦的感受能力与对无聊的感受能力成反比，因为感受能力由精神能力决定。也就是说，精神虚弱通常与感觉迟钝和缺乏敏感息息相关，这些特征使人不那么容易受到各种强度不一的痛苦和折磨的影响，但精神迟钝的结果就是内心的贫乏与空虚：这种贫乏与空虚烙印在无数面孔上，同时也暴露出人们对外在世界所发生的一切——即便是最鸡零狗碎的事情——的持续而活跃的关注。空虚是无聊的真正根源，空虚让人借着充实心灵与精神为由，不断地寻求外部刺激，因此，他们的追求可谓百无禁忌，这一点从倚门闲话和临窗凭眺的众生，他们所依赖的可悲又可怜的消遣以及从他们社交和聊天的性质皆可以看出。内在的空虚导致人们对社交、娱乐、消遣以及各种新奇享受进行狂热的追求，这种追求将人引入穷奢极欲，进而坠入痛苦的深渊。没有什么比内在的财富，即精神的财富，更能帮助我们免入歧途了，因为精神越富足，留给无聊的空间就越少。思想永远活力充沛，它们实

---

[1] 游牧（流浪）生活标示着最低级的文明，但现在又在最高级的文明中得以重现，那就是已蔚然成风的旅行生活，游牧生活的成因就是因为匮乏。——原注

内在的空虚导致人们对社交、娱乐、消遣以及各种新奇享受进行狂热的追求，这种追求将人引入穷奢极欲，进而坠入痛苦的深渊。

时更新对内在外在世界诸多现象探索的结果,力量和欲望常常驱使我们及时将我们的认知融会贯通,所有的一切,令卓越的头脑除了须臾松弛之外,彻底摆脱了无聊。另一方面,过人的智力以敏锐的感觉为直接前提,并以更为强烈的意欲,亦即冲动为根基,这些特性的结合,提升了所有情感的激烈程度,并增强了人对精神和肉体痛苦的敏感度,任何阻碍,甚至是细微的干扰,都会使人变得更加急躁和愤恨。所有这些,都极大地拓宽了所有思想和观念的界限,同时也包括令人生厌的观念。这适应于最愚钝的蠢货与最伟大的天才之间所有阶段的人。因此,无论是从主体上还是客体上来讲,人越是趋近于人生痛苦根源的一种,就离另一种根源越远,相应地,他的天性将在这方面尽可能地引导他,使客体适应于主体,从而做好充足的准备以应对更趋近的痛苦的根源。智者首要的追求是宁静致远、远离痛苦纷扰,因此他们会追寻一种返璞归真、不受打扰的安宁生活,所以,在对人类有所了解后,他会选择避世,但他若更智慧的话,会选择离群索居,因为一个人的内心越是丰富,对外在的需求就越少,别人对他而言就越无足轻重。智者无朋,若社交的质量真能为数量所取代,那么生活在熙熙攘攘的人世间倒也值得,但不幸的是,一百名愚者聚头也照样产生不了一位智者。相比之下，处于痛苦另一端的人，一旦贫困与匮乏让他稍作喘息，他情愿忍受一切后果，也将不惜一切代价呼朋唤友、寻欢作乐，比起别的事物，他更渴望的是逃避自己，这是因为在独处时，每个人都回到自身，随即会看清自己究竟拥有什么。华而不实的愚者，在卑劣个性的重负之下苦苦呻吟，不得脱身；才华横溢的智者，则以富有生机的思想摆脱单调乏味的处境。因此，塞涅卡有言，"愚者饱受疲倦之苦"，耶稣·西拉克也说过："愚者的苟活比死亡更糟糕"[1]，这些都是千真万确的金科玉言。我们发现，总体来说，一个人对社交的热衷程度，与智力的贫乏和自身的平庸成正比，因为在这个世界上，我们只能在孤独与粗鄙之间做出选择。据说，人类中最善于交际的是那些智力明显低下的黑人，据法文报纸[2]（《商业报》1837年，10月19日）对北美地区的报道，黑人扎堆聚集，把自己关在逼仄的空间里，跟自由人、奴隶厮混在一起，因为他们对自己的塌鼻子黑面孔相看不厌[3]。

[1] 《传道书》第22章第11节。——原注
[2] 《论交往》，1837年10月19日。——原注
[3] 叔本华这一观点明显带有对黑人的种族歧视，反映出他的历史局限性。——译者注

大脑像是整个有机体的寄生物或养老人，而得之不易的闲暇——能够赋予人享受自我意识和个性的自由——就是人一生的果实与收获，除此之外，一生之中唯辛苦劳作而已。但闲暇又给大多数人带来了什么呢？除去声色犬马或犯傻弄痴以虚度光阴，便只剩无聊与浑噩了。从这些人的挥霍方式中，我们可以窥见他们的闲暇是多么无意义，正如阿里奥斯托所言："无知者无聊。"寻常人只关心怎么打发时间，而略具才华的人则关心如何利用时间。智障的人之所以如此容易受到无聊的侵袭，是因为他们的智力不过是意欲动机的媒介，若无动机驱动，意欲便会停滞，智力也随之停歇，因而，二者相辅相成，若不能自发地变得活跃，其结果就是整个人的所有力量都凝滞了，总结起来就是无聊。为避免这种情况，人们授予意欲以微弱动机，这些动机转瞬即逝且随意，其目的在于唤醒意欲，从而驱动诠释意欲的智力运转起来。这种动机之于真实、自然的动机，如同纸币之于白银，因为前者的面值不过是随意的假定。这类微弱动机，诸如游戏、纸牌等，正是为迎合上述目的而发明的。若再没有别的事可干，智障之人就只能随意玩弄敲击手头上的物什了，对他而言，哪怕是一支雪茄也能作为思想的替代品。因此，纸牌游戏成了各国社交、聚会的主要娱乐方式,它也是衡量社交价值和宣告所有思想和观念破产的标准,玩纸牌的人并无思想可交流,他们只是交换各自的纸牌,并试图赢走对方的钱。可怜的人呐!为了不失公允,我不想压制这样的说法:我们可以如是辩护,纸牌游戏不失为一种世俗生活的演习,通过这种方式,我们学会了巧妙利用偶然和不可转变的既定局势(牌局),进而从中得到我们想要的东西,出于此目的,我们习惯于在抓到一手烂牌的时候仍表现出喜悦的神情。正由于这样,打牌使人堕落,因为纸牌游戏的内核就在于为了赢得原本属于别人的东西而费尽心机、不择手段。在牌局中养成的行事习惯,将逐渐侵蚀我们的现实生活,使得我们在人际交往时,也逐渐以同样的手段行事,认为只要在法律许可的范围内,利用所掌握的一切有利条件皆是情有可原,这方面的例子,在生活中比比皆是。所以,正如我说过的那样,自由闲暇是个体存在所开的花、结的果,唯有闲暇能让人回到自身。因此,自身拥有某种价值的人方可称为幸福者,而对大多数人来说,闲暇只会让其变得无所事事,感到无聊透顶,成为自身的负累。因此,我们应该高兴:"弟兄们,这样看来,我们不是使女的儿女,乃是自主妇人的儿女了。"(《加拉太书》)

因此，每个人都应该尽可能成为尽善尽美的自己。一个人越是能做到这点，就越能从自身的内在找到快乐的源泉，也就越幸福。因此，亚里士多德所言无比正确："知足者常乐"（《欧德谟伦理学》）。因为所有幸福和快乐的外在源泉，其本质皆飘忽不定、稍纵即逝且来自偶然，因此，即便是在大好的形势下，也容易烟消云散。事实上，这不可避免，它们不可能永远被我们拥有。人到暮年，这些外在源泉几乎都会枯竭，因为我们没有了爱情、幽默、旅行的欲望，对骏马的喜爱，以及良好社交的能力，甚至我们的亲朋故友也相继被死亡带走。此时此刻，个人自身拥有什么就愈发弥足珍贵了，因为无论在什么年龄，它都是唯一且真正永恒的幸福源泉。这个世界乏善可陈，充满了贫困与痛苦，倘若侥幸得以逃脱，无聊也会潜伏在每个角落等待着我们，此外，卑鄙与邪恶大行其道，愚蠢甚嚣尘上。命运残酷无情，而人类却羸弱可怜。在这样一个世界上，一个拥有充盈富足内心的人，犹如在冰天雪地的圣诞夜里，拥有一间明亮、温暖、充满欢乐的小屋，因此，世上最幸运的莫过于拥有高贵而丰富的个性，尤其是天赋异禀的才智，尽管命运最后不一定会走向辉煌璀璨。无论谁从自然和命运的恩惠中获得这一幸运，都应小心谨慎地确保幸福的内在源泉畅行无阻,而畅行无阻的前提就是独立和闲暇,因此,他乐意以俭朴和节制来换取独立和闲暇,因为他不像其他人那样依赖于外在的快乐源泉。如此一来,他就不会被官职、金钱、人情世故、名气声望引入歧途,从而屈从于人们龌龊的意图和低下的趣味。在这种情况下,他会听从贺拉斯写给莫斯纳斯的信中的建议。舍其内而求助于其外,即为了荣华富贵而舍弃全部或大部分的宁静、闲暇与独立——这是极其愚蠢的行为。而歌德就这样做了,我的守护神却明确地指引我走向相反的方向。

我们在这里讨论的真理:人类幸福的主要源泉是我们的内在。亚里士多德在《尼各马可伦理学》中对此有极为精确的评说,他认为每一种快乐都是以某种活动,即以运用某种能力为前提,失去这一前提,快乐也就不复存在。亚里士多德教导说,一个人的幸福在于不受限地发挥自己的杰出才能,这与斯托拜阿斯对逍遥派伦理学的描述不谋而合,斯托拜阿斯说:"幸福即在所从事的事情上,行为高尚并富有成效。"他特别解释道,他用"活力"一词特指驾驭一切事物的能力。大自然赋予人类力量的最初目的,是同四周的匮乏与贫困作斗争,一旦这种斗争结束,无用武之地的力量就会成为负担,所以,人们必须排遣这种力量,也就是说必须漫无目的地消遣和挥霍这种力量，否则，他立即会陷入人类痛苦的另一源头：无聊。因此，富足的上层阶级是这种不幸的主要殉道者，卢克莱修[1]已经给我们描述了他们的悲惨处境。即便是现在，在每一座大城市中，这样的例子也每天都在上演：

> 他常常离开偌大的宫殿，匆匆走向室外，这所房子令他烦闷，但室外并不能让他好过多少，直到他突然返回，或是策马奔向乡间别墅，仿佛庄园着了火，等着他匆忙赶去扑灭。但刚跨过门槛，他就无聊得直打哈欠，或沉沉睡去。他试图忘记自己，要不然，他更情愿回到城中。
>
> ——《物性论》第3部分

这些先生在年轻的时候，一定拥有强健的肌肉和旺盛的性欲。但随着岁月的流逝，只有思想的能力得以保留，倘若缺乏思想的能力，或思想的能力停滞不前，缺乏让思想活动的素材，那么他们的晚景将会无比凄凉。意欲是唯一取之不尽的力量，现在它被激情的刺激唤起，譬如，意欲可以被一掷千金的豪赌这种真正低级趣味的恶习唤起，但一般来说，每一个无所

---

[1] 卢克莱修（约公元前95—约公元前55年），古罗马诗人、哲学家，以哲理长诗《物性论》闻名于世。——编者注

事事的人都会选择一项游戏以训练他的特长，可以是国际象棋或者九柱游戏、狩猎或者绘画、赛马或者音乐、纹章或者哲学等。我们甚至可以从人类力量外在表现的根源着手，追溯到人的三种基本生理能力，有条不紊地探究这个课题。因此，在这里我们要考虑到，在不带目的的施展中，这三种能力似乎是三种可能的快乐源泉。每个人都可以从自身所擅长的能力中去选择相应的一类快乐。第一类是机体新陈代谢能力带来的快乐，这包括饮食、消化、休息和睡眠，在一些国家，这类活动甚至被视为全民性乐趣；第二类是施展肌肉力量带来的快乐，包括步行、跳跃、摔跤、舞蹈、击剑、骑马等各种体育运动，狩猎，甚至打斗和战争也囊括在内；第三类是发挥感受能力带来的快乐，这涵盖了观察、思考、感觉、修行、演奏音乐、学习、阅读、冥想、发明、哲学，等等。关于各种快乐的价值、等级以及维持时间众说纷纭，读者也可以自行补充。但每个人都清楚，我们感受到的快乐越大，作为前提条件的能力就越强，因为幸福取决于我们运用自身力量的能力以及快乐不断重复的程度。同样，也没有人可以否认，在感受能力这方面，人类有区别于其他动物的决定性优势，较之动物也固有的、同等程度的甚至更大程度的其他两种生理基本能力，则更为高级。

我们的感受能力与认知能力有关，因此，卓越的感受能力使我们有资格享受隶属于认知的，所谓的智力层面的乐趣，的确，这种快乐越大，这种优势也就越明显。

一件事想要引起寻常之辈的热切关注，只能通过激发他们的意欲，从而给他们带来个人利益的方式。但意欲的持续刺激终归不是一种纯粹的福祉，它甚至蕴含着痛苦。纸牌游戏，盛行于"上流社会"的寻常消遣，就是一种刺激意欲的特定手段，的确，这些渺小的利益，只能引起短暂的、轻微的痛苦，而不能引起持久的、深度的痛苦，因此，它们被视为是对意欲挠痒式的刺激。相较而言，拥有伟大智慧的人却能够出于实际需要，在不掺杂任何意欲的情形下，以最强烈的兴趣走上纯粹认知的道路。这种兴趣将他置于"无痛之境"，此境可谓是"众神安乐自在之云霄"。因此，庸碌大众的生活单调而乏味，因为他们所有的思想和欲望都全部指向个人的蝇头小利，从而引发种种不幸与苦难，当他们一旦不再为这些目标奔波劳碌，不得不回到自身时，难以忍受的无聊就会向他们袭来，因为只有情欲的烈焰才能微微唤起呆滞懒散的庸碌大众的行动，而智力超群者的生活则思想丰富、生机勃勃，况味无穷。一旦被允许投入到有价值和有趣味的事物中，他们就会被这些事物占据，他们的内心蕴藏着最高贵的快乐源泉，刺激着他们的外在事物，就是大自然的作品和对人类事务的沉思，以及古往今来国内外杰出人物所创造的丰富的杰作，只有这样的人才能真正地享受这一切，因为只有他们才能充分地理解和感受这一切。因此，那些历史上的杰出人物是为了他们而永垂不朽，给他们以启发，而余者，作为偶然的看客，不过囿于一知半解而已。当然，具有卓越思想的人比起庸碌之辈多了一种需求，即学习、观察、研究、冥想、实践的需求，也就是对闲暇的需求。但是，正如伏尔泰的箴言："没有真正的需求，就没有真正的快乐。"所以，闲暇的需求是获得别人无法获得的快乐的前提条件。的确，对常人而言，即使他们被自然之美、艺术之美以及各种思想杰作环绕，这些事物之于他们，也不过如同妙龄艳妓之于龙钟老汉。因此，具有卓越思想的人过着两种生活：个人生活和精神生活。对他而言，精神生活逐渐成为真正的目的，而个人生活仅仅被视为是到达目的的一种途径而已，但对其他人而言，这种肤浅、空虚、充满烦恼的存在才应该被视为生活的目标。具有卓越思想的人更愿意关注自己的精神生活，随着洞察力与认知的不断加深与扩展，他们的精神生活获得某种统一和稳步的提升，趋于完整和完美，如同一件臻于至善的艺术品。与之相比,其他那些只追求个人安逸生活的人显得多么可悲,这种生活能够延长生命的长度,却不能增加生命的深度。然而,正如我前文所言,对这些庸碌之辈而言,这种生活本就应被视为生活的目的,但对智者而言,个人生活不过是一种途径而已。

我们的现实生活在没有情欲驱动时,单调乏味,一旦为情欲所驱动,就会立即变得痛苦。因此,只有被赋予超出意欲所需的智慧之人才是幸福的,他们除了个人生活,还拥有一种占据他们并使他们感到欢愉的、自在安乐且淋漓尽致的精神生活。空有闲暇,即空有智力不需为意欲服务的闲暇,不足以使人享有精神生活,人还必须具备某种真正强大的能力,唯有如此,才能投入到某种不为意欲服务的纯粹的精神活动中去。"没有文学的闲暇等同死去,等同于将人生生活埋"(塞涅卡,《书信集》)。根据个人能力强弱程度的差异,精神生活可细分出不同的等级,从对昆虫鸟类、矿物钱币的收集描绘到最高级别的思想成就:诗歌和哲学。这样的精神生活不仅可以抵御无聊,还能抵御无聊带来的有害影响,也就是说,精神生活为我们提供了一种屏障,使我们免于陷入诸如完全从外部世界寻求幸福,所不可避免的陷阱:与恶人为伍,诸多危险、不幸、失落和奢靡。就比如说，我的哲学从未给我带来什么，但它却让我避免了许多损失。

凡人的生活乐趣寄于身外之物，如财产、地位、妻儿、朋友、社交等，这些都是生活幸福的支柱。这也是为何一旦失去这些事物，或对这些事物的幻想破灭，幸福也将随之灰飞烟灭。为了表述得更加清楚，我们可以这样说：他的重心在自身之外。因此，凡人的愿望和幻想总是变化不定，如果条件允许，他将购买乡间别墅或者骏马，进行聚会或者旅行，总之，他将穷奢极欲，因为他对所有事物的追求都只停留于外在的满足。他就像一个垂死之人，期盼通过汤药以重新获得健康与活力，然而，自身的生命力才是健康与活力的真正源泉。在讨论另一个极端之前，让我们先把凡人与一个智力虽不格外出众但也超过了泛泛之辈的人作比较，我们可以看到这样一个人作为业余爱好者在研习一门优美的艺术，或探究诸如植物学、矿物学、物理学、天文学、历史学等学科时，当外在的乐趣枯竭或不再满足他时，他将从这些研究中获得主要的乐趣与消遣，鉴于此，我们可以说此人的重心已部分在其自身之内了。然而，由于单纯的业余艺术爱好尚不足以支持自主创作，单纯的科学认知亦止步于事物表象之间的相互联系，常人无法触及问题的实质，所以他无法全身心地投入其中，他的存在不能与这些事物紧密相连并因此失去对所有其他事物的兴趣。唯有那些我们称之为"天才"的人，才会把存在和事物的本质完整而绝对地作为生活的主旨，而后，他们将根据自己的个性倾向，通过艺术、诗歌或哲学，力图表达对事物的深刻见解，也只有对他们而言，不受打扰地专注于自身、自己的思想与工作才是迫切的需要，孤独是心之向往，闲暇是天赐福祉，别的一切皆是多余，事实上，其他事物的存在对他们而言只是一种负担。只有这样的人，才称得上是重心全在自身之内的人。由此可以解释为何凤毛麟角般拥有这种本性的人，就算脾性温良，也不会同常人一般，对朋友、家人以及普罗大众表现出过多的亲密和关切，他们只要拥有自身内在，就能忍受一切失去。因此，他们身上有一种孤独的特质，尤其当其他人永远都无法真正完全地令他信服时，这一特质尤为显著。因而，他们永远无法视其他人为同类，事实上，当彼此间的差异无处不在时，他们也逐渐习惯了自己作为异类生活在众人之中，在他们的观念里，众人是第三人称的"他们"，而非"我们"。道德美德主要有益于他人，而知识美德则主要有益于自身，因此，前者给我们带来好人缘，后者则使我们不得人心。

从这个观点来看，一个被大自然慷慨赋予智力天赋的人，无疑是最幸福的人，的确，主观幸福比客观幸福更触手可及，无论客观幸福的性质如何，其效果归根结底是由主观幸福所引发的，因此，客观幸福是次要的。卢奇安说："心灵的财富才是真正的财富，其他财富所带来的麻烦，远甚于收益。"内心富足的人对外在一无所求，除了一种完全相反的礼物：闲暇，用以陶冶情操，享受心灵的财富，他的朴素要求不过是生命中的每一天、每一刻都属于完全的自我。如果一个人的思想注定要给整个人类史留下浓墨重彩的一笔，那么衡量他幸福与否的标准只有一种，即他是心无旁骛地提升才智以完成自己的使命了，还是在此过程中因阻扰重重备受掣肘，于他而言，一切都无足轻重。因此，我们看到古往今来，杰出的思想者都视闲暇为珍宝，如同自身一般重要，"幸福在于闲暇"，亚里士多德如是说，据第欧根尼·拉尔修记载："苏格拉底珍视闲暇甚于一切"，因此，亚里士多德在《尼各马可伦理学》中指出，献身于哲学的生活是最幸福的生活。甚至他在《政治学》（第4部分）中所作的讨论也与此息息相关："无论什么才能，只有能够不受限地发挥，才是一种真正的幸福。"这与歌德在《威廉·迈斯特》（第1卷第14部分）中的说法一致：

"天赋异禀者都能从天赋中找到最好的生活。"拥有闲暇不仅与人的惯常命运相抵触,还与人的惯常天性相抵触,因为,人的天然使命就是花时间为自己和家人谋求生活所需。人是匮乏与贫困的产物,而非自由智慧的产物,因此,如果不能通过各种游戏、消遣和爱好,实现想象与虚构的目标以消磨时间,那么闲暇将很快成为人的负担,并最终成为沉重的痛苦。基于同样的原因,闲暇还会使人陷入危险,"无所事事时难以保持安静",可谓至理良言。另一方面,智力水平远超常规标准同样是反常的,亦是反自然的,然而,若禀赋超群者真的存在,那么闲暇对其幸福而言,则是必不可少的,尽管对其他人而言,闲暇要么是一种沉重的负担,要么就有害。若无闲暇,禀赋超群者便如同套上缰绳的柏加索斯[1]般不快乐。倘若这两种非自然情形,即拥有闲暇的外在反常与拥有超常禀赋的内在反常,同时发生,那可谓幸运之至,因为这时,这位得天独厚的人将过上一种更高层次的生活,也就是说,他将免于忍受人类

[1] 柏加索斯,希腊神话中有双翼的飞马,被它踩踏过的地方会涌出泉水,诗人饮了便会产生灵感,因此,柏加索斯是诗人灵感的象征。——译者注

苦难的两个对立的根源——匮乏与无聊，他将免于忍受谋生的焦虑和无聊（自由生活本身）。只有当匮乏和无聊相互中和抵消时，人才能从人生的不幸中得到解脱。

虽然如此，但我们必须考虑这样一个事实：由于头脑超常的神经活动，过人的智慧禀赋，也放大了人对各种形式痛苦的敏感度。此外，过人的智慧禀赋的先决条件，即激扬的性情，以及与此密不可分的更为生动的想象，和完整的构想，会在心头激荡起一种无比强烈的情感，但通常来说，痛苦的情感多过快乐的情感。最终，卓越的思想禀赋拥有者远离了凡人以及凡人的活动，因为，自身蕴藏愈丰，从他人所得就愈少，而令旁人感到妙不可言的事物，在他眼里肤浅又乏味，放之四海而皆准的事物均衡补偿法则，在这里或许依然奏效。的确，人们常常提起这样的观点，"至愚者至为幸福，尽管无人羡慕这种运气"，也不是全无道理。关于这一点，我不想在读者作出判断之前表达明确的观点，以免先入为主。

在这里，我不得不提到这样一类人：他们因智力有限、资质平庸，故而缺乏思想上的需求，即所谓的菲利斯特人。菲利斯特人指的是缪斯之子的对立面，即被文艺女神抛弃的人，这是德语独有的词语，源自德国大学校园，后来这一名称引申出了更高的含义，虽然和初始含义依旧类似。虽然我可以从更高的角度审视，以这种方式定义菲利斯特人：菲利斯特人指那些总是极其严肃地，关注着一个非现实之现实的人。但这样先验的定义，无法契合我在本篇中所采用的流行观点，因此也许这一定义不能被每一个读者充分理解。相比之下，第一种定义更容易阐述清楚，并充分表现出其本质以及所有特点的根源，即菲利斯特人就是没有思想需求的人。由此可以得出推论，就自身而言，菲利斯特人没有任何思想上的乐趣，这符合前文提过的原则："没有真正的需求，就没有真正的快乐。"菲利斯特人的存在，不曾受到任何对知识和洞察力的强烈渴望的驱动，也不曾因对真正审美乐趣的渴望——这与对知识和洞察力的强烈渴望密切相关——而焕发生机。如果潮流或者权威把这一类乐趣强加给他们，他们也会将其作为一种强制劳动而尽快应付过去。他们唯一真正的快乐就是感官的快乐，只有感官的快乐才能弥补自身缺憾。因此，牡蛎和香槟是他们生活的极致，他们生活的目标就是想方设法寻觅有助于肉体享受的事物。当这些事物给他带来无尽的麻烦时，他的快乐就到头了，因为如果从一开始就给他提供了豪华奢靡的生活，他将无可避免地陷入无聊之中，而为了对抗无聊，他将穷尽一切手段，譬如跳舞、看戏、交际、打牌、赌博、骑马、约会、喝酒、旅行等。然而，所有的这些都无法抵御无聊，因为缺少了精神需求，精神快乐也就不复存在了。因此，菲利斯特人总是以其独有的呆滞、枯燥，类似于动物的严肃神情示人，没有什么能令他高兴，也没有什么能令他兴奋，更没有什么能令他提起兴趣，因为感官的快乐源泉很快就会枯竭。由菲利斯特人组成的社交聚会，总是很快就变得无聊，到了最后，甚至连纸牌游戏也变得令人厌倦不堪。但无论如何，他们仍可以用自己的方式享受虚荣带来的快感，他们追求财富地位，或权势方面的显赫，以赢取他人的尊崇和尊重；又或者追随达官贵人，依仗他们的辉煌以荣耀自己（一个势利小人）。从上述菲利斯特人的基本特征，可以得出以下结论：在涉及他人方面，由于菲利斯特人没有精神需求，只有生理需求，他们只会寻找能够满足后者的人并与之往来。所以，在菲利斯特人对他人提出的诸多诉求中，最无关紧要的就是是否具备杰出的思想。相反，出类拔萃的思想者只会激起他们的反感甚至仇恨。因为他们对此，有一种可恨的自卑感，以及一种被小心翼翼隐藏起来，甚至连自己都无法察觉的隐晦的嫉妒。这种嫉妒有时会发展成一种隐秘的愤怒与敌意。因此，他们永远不会给予卓越的精神思想以尊重与崇敬，因为他们的尊重与崇敬只会留给地位、财富、权势，在他们眼中，这些东西才是真正的好处，也是他们的欲望所在。而这一切，都源于他们是没有精神需求的人。

菲利斯特人的巨大苦恼在于，精神上的东西不能带来任何欢愉，为了抵御无聊，他们往往囿于现实。但现实容易穷尽，一旦穷尽，便不再令人欢乐，反而使人生烦，甚至包藏罪恶与祸殃。与之对立的，是精神上的东西无穷无尽，更无邪无害。

对所有有益于幸福的个人素质的讨论中，我主要关注的是身体素质与智力素质，至于优异的道德素质以何种方式直接提升幸福感，这一问题我已在获奖论文《论道德的基础》中做过探讨，有兴趣的读者可以读一读那篇论文。

财富：人拥有什么？

伟大的幸福教育家伊壁鸠鲁[1]细致而准确地将人的需求分为三大类。第一类需求是自然和必要需求，这些需求若得不到

---

[1] 伊壁鸠鲁（公元前341—公元前270年），古希腊哲学家、无神论者，伊壁鸠鲁学派创始人，代表作有《论自然》《准则学》《论生活》等。——编者注

满足,就会引起痛苦,它们就是极易满足的衣食之欲;第二类需求是自然但不必要需求,即性需求,尽管伊壁鸠鲁在《拉尔修的报道》中并未将这一点说出来(在此,我将他的学说复述得更为详尽清楚),但这类需求相对较难满足;第三类需求是既不自然也不必要需求,即对奢靡、豪华的需求,对浮华、显赫的需求,这类需求永无止境,难以满足(见之于《拉尔修的报道》第1卷第13章)。

对财富合理欲望限度的界定,即使不是不可能,那也一定极为困难,因为一个人在财富方面的满足不取决于绝对的数量,而取决于相对的数量,即他期待的财富与他拥有的财富之间的关系。因此,只考虑拥有的财富,就像只计算分子而忽略分母一样,是无意义的。一个人对从未想过要拥有的东西,是不会有念想的,即使不曾拥有,也依然感到满足;但若一个人坐拥数百倍之于前者的财富,仍会因对某物的求而不得,而感到不幸福。在这方面,对于可得到的和可触及的事物,每个人都有自己的范畴,他的期许都在范畴之内。出现在范畴之内的任何事物,若得之有望,人便会感到幸福,相反,若困难重重,得之无望,人便会感到不幸福。范畴之外的一切,则对他毫无影响。因此,穷人不会因为得不到富人的万贯家财而忧虑,但富人的规划一旦落空,纵有万贯家财也不足以宽慰分毫。财富如同海水,越喝越渴,名望亦如此。失去财富和地位后,一旦克服了最初的懊悔和悲伤,我们惯常的心境与之前的相比,并无太大的不同,这是因为,当命运减少了我们的财富,我们也随之调整了自身的期望和要求。当遭遇不幸时,调整的过程的确令人痛苦不堪,但当一切结束时,痛苦便会越来越小,直至完全消失,因为伤口已经愈合;反之,当好运降临时,我们的期待得以膨胀,这一过程令我们感到快乐,但快乐只在这一过程中存续,因为我们已经习惯于日益膨胀的欲求,而对范畴内的获得视若无睹了。我们不满的根源在于,我们不断尝试提高我们的期望值,但与此同时,其他条件因素却维持不变,阻碍了期望的实现。

对于人类这样一个贫乏不堪又充满需求的种族来说,比起其他的任何事物,财富受到更多、更由衷的尊重和崇拜也不足为奇,甚至权利也仅仅是获取财富的一种工具而已。为了牟利,一切皆可推翻,一切皆可抛弃,这也同样不足为奇,比如,哲学教授一心逐利,弃哲学于不顾。人们常常备受指责,因为他们的欲望主要集中在金钱上,热爱金钱胜过一切,但其实人们对金钱的热爱是自然而然的,甚至是不可避免的,金钱就像永远不知疲倦的变形杆菌，随时准备成为我们那变化多端的欲望和飘忽不定的需求所指向的对象。也就是说，每一种其他的东西都只能满足一个愿望或一种需求，譬如食物之于饥饿、美酒之于健康者、药物之于病患、皮袄之于冬天、爱情之于年轻人，等等，因此，所有这些都是"服务于特定目的的有益事物"，即相对的益处。只有金钱有绝对的益处，因为它不仅能满足某种具体的需求，通常还能满足抽象的整体的需求。

我们应该把现有的财富视为是可以抵御可能发生的不幸与灾祸的壁垒，而不应该把它看作是在世间寻欢作乐的一种许可，甚至是一项义务。那些起初一穷二白，但通过自身拥有的某种才能，最终创收颇丰的人，几乎都会认为自己的才能是永久资本，以此赚取的金钱不过是利息而已。因此，他们不会把收入的一部分作为永久资本存起来，而是随手花掉，但他们往往会因为收入的减少或才能的枯竭而陷入贫困（例如，绝大部分从事优美艺术行业的人都在此列），又或是因为他们的才能只能在某些特定的环境中才能创造收益，一旦时过境迁，收益也就戛然而止了。工匠可以常常如我上面所提到的那样挥霍财富，因为他们的产出能力不会轻易丧失，也不会被伙计的力气所取代，而且他们的产品都是市场所需，不愁销路，因此，有句谚语说得好："技艺在手，遍地是金。"然而，大部分艺人和艺术家的情形与此大相径庭，正因如此，他们的报酬也更为优厚。他们所挣得的收入本应成为他们的本金，但他们却将其视为利息，结果落得破产的下场。相比之下，财富的继承者们至少立刻就正确认识到了什么是本金，什么是利息，所以，他们之中的大多数人都会竭力稳妥地保管好自己的本金，在任何情况下都不会动用本金，事实上，如果可能的话，他们至少会拿出利息的八分之一来应对未来之不测，因此，他们通常都能守住财富。我在这里所作的讨论并不适用于商人，对商人而言，金钱本身就是获取更多收益的手段，可以说金钱是他们的营生工具，因此，尽管他们的资产完全是靠自身努力赚取的，但他们仍会试图通过对资产的充分利用以达到保值和增值的目的。因此，没有哪个阶层的财富会像商人的财富这般稳靠。

总的来说，我们会发现这样一个规律，那些真正经历过匮乏与贫困的人，比那些只道听途说过贫穷的人，表现得更不惧怕贫穷，因而更倾向于奢靡挥霍。前者得益于某种好运或者某种特殊才能（且不论这好运或才能是什么），迅速由贫致富；后者则出身优渥，成长于富裕的家境，他们往往更关心未来，因而比前者更为节俭。由此可推断，贫穷并不像我们远观时所呈现的那么糟糕。不过，真正的原因也许在于，对出身优渥的人来说，财富是不可或缺的东西，如同空气一般，是生存的唯一可能要素，他们如爱护生命一般珍惜财富，所以他们对待财富往往循规蹈矩、精明谨慎、勤俭节约。但对出身贫寒的人来说，穷困匮乏似乎是一种自然状态，而偶得的财富，于他们而言，只是多余的东西，是可供享用和挥霍的有用之物而已，当钱财散尽，他们依旧能像从前那样贫穷地生活下去，反而摆脱了焦虑。

事实上，他们的内心充满坚定而过度的信心，这种信心半是对于命运半是对于个人能力，因为二者都曾将他们从欲求和贫困中解救出来。因此，与出生优渥的人不同的是，贫穷的他们并不会将贫穷的滩涂看作是无底深渊，而是认为，只要触底猛蹬，就一定能反弹回水面。这一罕见的人性特征，可以解释为何攀附豪门的寒门女子比起给夫家带来丰厚嫁妆的富家女子，通常都更浮夸、更奢侈，在大多数情况下，富家女子不仅带来了丰厚的嫁妆，与寒门女子相比，还表现出了更强烈的，甚至是源于遗传的守护嫁妆的愿望。不过，谁要是持不同意见，可以从阿里奥斯托的第一部讽刺作品中找到支持这一观点的权威说法，约翰逊博士与我的观点一致："一个有钱的女人习惯于理财,因此花钱精明节制,但一个在婚后才掌握经济大权的女人,会花钱如流水,简直挥霍无度。"(博斯威尔,《约翰逊的一生》第67部分)不管怎样,我还是要奉劝那些娶寒门女子为妻的人,不要让她们继承资产,而是要以年金的形式给付她们金钱,尤其要注意的是,不要让属于孩子的财产落到她们手上。

我在此提醒人们慎重保管自己挣来的或继承下来的财富,相信我的论点并非无用之功。如果一个人一开始就拥有足够的财富,可以惬意地生活,也就是说,无需工作操劳,享有真正的独立自足,即使不考虑家庭,只考虑自身,这也是一种莫大的优势,因为这意味着他免受人生的贫困与烦恼,从俗世普遍的苦役中得以解脱,而这苦役是凡人的自然宿命。只有得到命运垂怜和眷顾的人,才能生而自由,唯有如此,人才能真正成为"自己的主人",才能主宰自己的时间和力量,才能在每一个早晨说:"这是属于我的一天。"同理,年入千万者与年入百万者的差别,较之年入千万者与身无分文者的差别要小得多。但遗产只有让被赋予了高等智慧、从事着与赚钱不能兼容的事业的人继承,才能体现它的最高价值,因为,这样的人就此获得了命运的双重馈赠,可以专注于自身的天赋所在,这样一来，他将达到常人所无法企及的成就，造福大众，提升人类的荣耀，以这种方式百倍偿还他欠世人的债，同样，其他生活条件优渥的人，亦可以通过慈善事业为人类做贡献。相反，若一个财富继承者，根本没有做出上述贡献，哪怕只是暂时做出点滴贡献，又或者他甚至不曾细致地研究某一门学问以尽可能地推进这门学问的发展，那么，他就是一个无所事事、可耻的游手好闲之徒，这样的人将不会幸福，因为匮乏的豁免只会将他推向人类苦难的另一极——无聊，无聊将对他施以百般的折磨，如若贫苦能让他有事可做，他反倒能快乐许多。这种百无聊赖感将很快把他引向奢靡，褫夺他不配享有的优越条件。事实上，无数人身陷贫困，无非是因为有钱的时候挥霍无度，只为寻求无聊重压下的片刻缓解。

若我们志在取得政治地位上的成功，那又是另外一回事了。在政治生涯中，我们必须赢取好感，广结人缘，经营关系，以便稳步晋升，直至位居高位。在这种情况下，生来贫苦，实际上反而更好。如果他一无所有，出身卑微，但又具备某些才干，反倒是真正的优势，也可得到别人的提携，因为每个人都在寻找的和自己最喜欢的，恰恰是不如自己的人，寻常交流中如此，宦海浮沉中更是如此，只有穷鬼才会深信自己各方面都彻底绝对低人一等,而他的无足轻重和不名一文正好迎合了前文描述的需求。因此,只有他才能习惯于点头哈腰、卑躬屈膝;只有他才能忍受一切,笑对一切;只有他才会清醒知道自己的优点毫无用处;只有他才会高调而卖力地,公开将那些地位高过他的或极具影响力的人的业余文学作品,吹捧为杰作;只有他才懂得如何摇尾乞怜。所以,只有他才会在青年时期就已践行一个不为人知的真理,歌德用寥寥几句给我们揭示了这一真理:

不要埋怨卑鄙和下作,因为
不管人们怎么说,
这就是主宰世界的事物。

——《西东合集》

另一方面,素来衣食无忧者,往往拥有独立的思想,他们习惯于昂首阔步,不曾习得曲意逢迎的本事。他们或许自恃颇具几分才干,但他们应该明白,那几分才干在平庸与谄媚面前,多么不堪一击,最终,他们会察觉到那些位尊者的卑劣不堪,如若再受到别人的轻蔑与侮辱,他们将变得桀骜不驯和特立独行,这可不是这个世界的生存之道。相反,他们最终可能会如伏尔泰一样勇敢地说:"我们时日无多,大可不必在无耻之徒跟前低声下气。"遗憾的是,这世上太多人都可谓是"无耻之徒"。

在"人拥有什么"这一章中,我并没有把妻子和儿女囊括在内,因为与其说是男人拥有妻儿,不如说是妻儿拥有男人。朋友倒可以囊括在"人拥有什么"的范围内,不过在这种情况下,拥有者也必须在同等程度上被拥有。

人生的不同阶段

伏尔泰有句名言说得好:"人若没有合乎年龄的神韵,就会有属于这个年龄的种种不幸。"因此,当对幸福的探讨已接近尾声时,不妨来看一看人生的不同阶段给我们带来了哪些变化。

终其一生,我们所拥有的除了现在,再无其他。不同之处在于,一开始,我们面前展现的是遥远的未来,后来,当生命走向终点,我们身后铺就的是漫长的过去。尽管我们的性格保持不变,但气质却经历了某些众所周知的变化,从而使不同的现在呈现出不同的色调。

在我的主要著作《作为意志和表象的世界》（第2卷第31章）里，我已经阐明为何在童年时期，我们的行为更像是处于认知状态而不是意欲状态，这是在生命最初的四分之一时光里，我们能享受幸福的原因，童年结束后，这一时期留在我们身后犹如一个消失的天堂。童年时期，我们同他人关联甚少，需求亦有限，因而意欲鲜少受到刺激，认知活动占据了我们生命的大半部分。我们的大脑在7岁时就已发育至成人大小，智力虽不成熟，但也早已得到发展，它不断在周遭世界里寻找养分，这个世界依然崭新而鲜活，这个世界的一切，所有的一切，都闪烁着新奇的光芒。这让我们的童年如一首连绵不断的长诗，一如所有的艺术。诗的本质在于从每一个单一事物中去理解这一类事物的柏拉图式理念，换言之，即这类事物的本质与共性，单一事物是作为类的代表出现的，个例亦能适用于普遍情况。尽管从现在看来，我们的童年时期似乎常常只关心当前的单一物体或事件，并且是只能暂时激发意欲兴趣的单一物体或事件，但事实并非如此，因为在童年时期，生活一词，就其全部意义而言，于我们仍是如此新奇和鲜活，生活给我们的印象尚未因重复而变得麻木，在孩子气的追求中，我们总是偷偷地、不带任何明确意图地，从特定的场景和事件中，了解生命自身的本质，把握生命形态的基本类型。正如斯宾诺莎所言："我们从永恒的角度看待所有的人和事。"我们越是年轻，就越认为每一个单一事物代表类的总体。这就是为何年轻时事物给我们留下的印象与年老时我们所感受的印象会有巨大的差别，也因此，童年时期和青少年时期的认知与经历，构成了以后所有知识和经验的固定类型与准则，以后发生的所有事件都会被纳入既定的类型与准则，虽然我们并不是一直有意而为之。因此，我们的世界观是深刻抑或是肤浅，都早在童年时期就已打下了坚实的基础，这种世界观在随后的人生中会得到拓展和完善，但其本质不会再有变化。这种客观纯粹的，具有诗意的世界观，是儿童时期的基本特征，由于意欲尚未发挥其全部力量，所以孩子的行为更多是纯粹的认知活动而非意欲活动。因此，拉斐尔[1]很喜欢把孩子认真思索的神情运用到对天使的描绘上，尤其是《西斯廷圣母》这幅作品里的天使形象，就巧妙地运用了这一点。这就是为何童年时光总是洋溢着喜悦幸福，而我们对童年的记忆也总是伴随着眷恋和

---

[1] 拉斐尔（1483—1520年），意大利画家，"文艺复兴三杰"之一，代表作有《西斯廷圣母》《雅典学派》等。——编者注

向往。当我们通过直观感知认真地对事物进行最初的理解时，教育却旨在向我们灌输种种概念，但这些概念并不能给我们提供对事物真实本质的认识，相反，我们一切认知的基础和实质，在于通过直观感知去理解世界。但这一直观感知只能经由我们自身，其他任何方式的灌输都无济于事，因此，我们的价值，无论道德价值还是智力价值，都不是来自外部，而是源于自身本性的深处，没有哪个裴斯泰洛齐[1]式的教育家能够将一个天生的蠢材培养成一位思想家："绝无可能，他生来是一个傻瓜，死时依旧是一个傻瓜！"此处描述的是直观感知对外部世界的最初的深刻理解，也解释了为什么童年的环境和经历会在我们的记忆中留下如此难以磨灭的印象。我们完全被周围的事物所吸引，没有什么能够分散我们的注意力，我们注视着眼前的事物，仿佛它们是同类事物的仅有者，是唯一的存在，后来，我们知道了世界之大，世事纷繁复杂，于是失去了勇气和耐心。现在回顾一下我在我的主要著作《作为意志和表象的世

---

[1] 裴斯泰洛齐（1746—1827年），瑞士教育学家，推行民主和人道主义教育思想，主张学生自我负责，老师的责任是向学生展示知识和科学的魅力，点燃学生好奇心的火花，激起学生的求知欲望，让学生的智力自由发展。——译者注

界》的第30章所作的阐释：当所有事物作为客体存在，即纯粹作为表象或记忆图像存在时，通常是令人愉悦的；而当所有事物作为主体存在，即存在于意欲之中时，却使我们沉浸在痛苦与不幸里。我将下面这句话作为对这种情况的简单概括：事物往往看上去很美，真实存在时却又可怕。根据以上所述，童年时期对事物的了解更多的是从观察的角度（即表象的角度），而不是从存在的角度（即意欲的角度）。客体是事物愉悦的一面，而主体可怕的一面又不为我们所知，因此我们年轻的头脑认为艺术与现实呈现的所有形式都是幸福的存在，我们幻想事物看上去很美，真实存在也许更美。因此，我们眼前的世界宛若伊甸园，一个我们生长于其中的阿卡狄亚[1]。这样，再过些时日，我们就产生了对现实生活的渴望、对行动和受难的期盼，这就把我们推入世界的喧嚣之中。随后，我们将了解事物的另一面，即存在的一面，亦即意欲的一面，我们行进的每一步都会受到意欲的羁绊，于是，巨大的幻灭感逐渐出现，在此之

---

[1] 阿卡狄亚（Arcadia），古希腊伯罗奔尼撒半岛中部一高原地区，以境内居民生活宁静纯朴著称，文学作品常常用阿卡狄亚比喻世外桃源。——译者注

后,人们会说:幻想的时代一去不复返。然而,这种幻灭感还在继续加深,并变得更为彻底。因此,可以说,在童年时代,生活展现的样子犹如从远处眺望舞台布景;而到了暮年,则如同从近处细察同样的布景装饰。

最后,童年时期的幸福还要归功于以下情形。正如初春时节,所有树叶都有着同样的色彩和近乎一致的形状,我们在幼年时期也彼此相似,因而无比和谐。但随着青春期的到来,人与人之间的差异开始凸显,并如同半径向外辐射的同心圆一般,越来越大。在我们前半生的最后阶段,即较之后半生具有诸多优势的青年时期,让我们感到不安和不快乐的是对幸福的追求,而这一追求是建立在我们人生一定能遇到幸福的坚定假设之上,于是我们的希望不断落空,失望因此油然而生。我们梦想得到的模糊幸福——随意变化着迷惑人心的幻象,在我们身旁环绕盘旋,我们却徒劳无功地寻找着它们的原型。因此,在青春期,无论自己所处的位置与环境如何,我们常常对其感到不满,因为我们把人类生活中无处不在的空虚与悲惨归咎于它们,而这正是我们第一次认识到生活的空虚与悲惨,这与我们之前的期望截然不同。如果年轻人能够及时得到建议和教诲,根除认为世界于自己有求必应这一错误观念,他将受益匪浅，但事实是，我们往往是通过虚构而非事实去了解生命。在青春明亮的破晓，诗歌与小说描绘出一片辉煌绚烂的图景，我们备受渴望的折磨，期盼看见诗歌与小说描绘的图景成为现实，甚至希望抓住彩虹。年轻人希望人生的进程如同一部趣味盎然的小说，于是失望也由此而生，对于这一点，我在《作为意志和表象的世界》第2卷第374页曾经有过阐述。幻象之所以具有魅力，正是由于它们是纯粹的想象而非事实，因此，当我们对它们进行直观感知时，我们处于纯粹认知的平和与自足的状态之中。

因此，如果前半生的特征是对幸福的求而不得，那么后半生的特征则是对不幸的恐惧。到了后半生，我们或多或少都清楚地认识到，所有的幸福皆是虚幻，而痛苦却是真实的。所以我们，至少我们之中较为谨慎者，所求不过是一种不受打扰的无痛苦状态，而非幸福。年轻的时候，当门铃声响起，我会高兴，因为我想着，"也许现在幸福就要来临"，但随着年岁渐长，同样的情形下我的感觉类似于恐慌，"不幸终于来了"。出类拔萃而富有天赋的人，并不真正属于尘世，他们遗世而独立，因此，根据自身的优势程度，他们对于世界，或多或少有着两种截然不同的感受：年少时，常常会感到自己被世界遗弃，而到了晚年，却感觉自己逃离了世界。前者令人不悦，因为我们不谙世事，后者令人愉快，因为我们已完全了解了这个世界。因此，后半生就像是乐章的后半部分，较之前半部分，少了一些冲动与野心，多了一些释然与平和。这主要是因为年少时我们以为这个世界必定充满幸福和快乐，不过是难以获得罢了；但到了老年，我们明白世间并无幸福和快乐可言，因而对此亦已坦然，我们得过且过，甚至需要从生活琐事中找寻乐趣。

不同于儿时和青少年时期观察世界的眼光，成人从生活经验中所获得的，主要是坦率和摆脱偏见。他开始朴素地看待事物，客观地对待事物，然而对孩童和青少年而言，现实世界被一种幻觉伪饰和扭曲，这种幻觉由他们自创的虚妄诡相、承袭的偏见和异想天开组成。经验的第一要务就是祛除那些植根于青春期的梦幻愿景和虚假观念，让青少年远离这些事物，当然是最理想的教育，虽然这种教育只能是否定性质的，因为实施起来困难重重。为实现这一目标，我们首先务必将孩子的视野限定在尽可能狭小的范围，并且在此视野范围内，只传授明晰和正确的观念，只有在孩子正确认识这一范围内的一切之后，才能逐渐拓展其视野，同时也要注意，不要留下任何模糊不清、一知半解甚至是错误的概念。如此，孩子对事物和人际关系的观念虽依然狭小而朴素，但却清晰和正确，所以，这些观念只需逐步拓宽，无须矫正，这种教育须维持至青春期。这种教育方法尤其要求孩子禁读小说，鼓励他们多读适宜的人物传记，如富兰克林[1]的传记、莫里茨[2]的作品《安通·莱瑟》等。

年少时，我们幻想生命中重要的人物和重大事件会伴着嘹亮的号角和鼓声出现，但是当我们老了，回首往事，才发现它们都是在不经意间，悄无声息地从后门溜进我们的生活的。

鉴于目前的思考，我们可以把生命比作一幅刺绣，每一个人，前半生之所见是刺绣的正面，后半生之所见则是刺绣的背面。背面不如正面漂亮，但更有启发意义，因为它可以让人看到绣线是如何彼此连接，以构成纹饰图案的。

甚至最伟大的智力，也只有在40岁以后，才能在言谈之中显露优势，虽然成熟的经验与丰富的阅历在诸多方面皆可能被

---

[1] 富兰克林（1706—1790年），美国政治家、物理学家，美国开国元勋之一。——编者注
[2] 莫里茨（1756—1793年），德国作家、美学家。——编者注

超群的智力超越，但永远不会被取代。阅历与经验，能够让最平庸者与最超群的智者匹敌，只要后者还年轻。我在这里说的仅仅是就个人情况而言，不包括他们的作品。

40岁以后，每一个有价值的人，每一个不隶属于那占人类六分之五的、只能被大自然可怜巴巴赐予的人，都很难摆脱一定程度的厌世情结，因为从自己的品性推断出他人的品性，会渐生失望，这是自然而然的事。他发现人们无论是头脑还是心灵，甚至二者皆与他不在一个水准，并且远不及他，因此，他也乐于避免与之来往。一般来说，一个人喜欢独处还是厌恶独处，由自身的内在价值决定。康德在《判断力批判》第1部分第29章的概述中，对这种厌世情结进行过讨论。

从智力和道德角度考量，年轻人若过早谙习世故，与人交际如鱼得水，左右逢源，可不是什么好迹象，这预示着他有粗鄙的本性。相比而言，年轻人在人情世故中表现出诧异、惊疑、笨拙、唐突的话，反而预示着他具备高贵的品质。

年少时的欢畅与轻快，归因于这样一个事实：我们正在攀援人生之峰，尚未看见位于另一侧山脚的死亡。当我们越过山巅时，才真正看见了死亡，关于死亡，我们之前只从别人那里道听途说，这时，我们的生命力开始衰退，精神萎靡、意志消沉，忧郁严肃取代了青春欢畅，烙印在我们的脸上。只要我们还年轻，人们就可以对我们畅所欲言，我们以为生命无尽，因而虚度光阴。年纪越大越懂得珍惜时间，在最后的日子里，每度过了一天，都像被判处死刑的囚犯在通往绞刑架的路上又前进了一步。

从青年的角度来看，生命是无尽漫长的未来，从老年的角度来看，生命则是极其短暂的过去。因此，在人生的开端，生命呈现的模样犹如从望远镜中反向窥见的风景，但到了人生的终点，生命所呈现的模样则如正向从望远镜中看到的图像。人只有活久了、变老了，方知生命短暂。青年时期，时光步履徐缓，所以，生命历程的前四分之一，不仅最为幸福，也最为悠长，留下的回忆更是最多，若有需要，比起此后的中年时期和老年时期，人们更愿意谈论这一时期。生命的春天正如时节的春天，日子漫长得令人生厌，而秋天，无论是生命之秋抑或是时节之秋，日子变得短暂，但却更为明亮、统一。

当生命临近谢幕，我们仍不明就里，为何在垂暮之年，我们竟会发现这一生是如此短暂？这是因为记忆简短，我们就以为生命如记忆一般简短，所有微不足道的事情皆已忘却，令人不快的事情亦已大抵忘却，生命中可资回忆的部分，也就所剩无几了。我们的智力本就不完美，记忆同样如此，若不希望二者渐渐沉入遗忘的深渊，就必须不断地对我们学到的经验与过去的事情，加以重温与反省。我们疏于反刍细微琐事，更鲜少回想令人不快的事，然而，要保存关于它们的记忆，反刍和回想都是必经之路。微不足道的事情总是在增加，这是因为许多起初对我们来说重要的事情，经由频繁的、终而无尽的重复，逐渐变得不那么重要了，所以，早期的记忆较之后期，往往更为深刻。活得越久，足以称之为重要和有意义的事情就越少，这些事情得以固定在我们的记忆之中，全仰赖回想这唯一的方式，若非如此，事情一旦过去，我们就立刻忘了。所以，时光飞逝，悄无影踪。其次，我们不愿意回想不快乐的事，尤其是当不快乐的事伤害到我们的虚荣心的时候，而大多不快乐的事又的确都与我们的虚荣心有关，因为祸事临头，我们自身大多难辞其咎，于是许多不愉快的事情也因此被我们遗忘了。正是那些微不足道的和不愉快的事情使我们的记忆变得如此简短，记忆的素材越是冗长，记忆就越是简短，犹如岸上的物体随着船只航行，会变得越来越小，越来越难以区分、辨别一样，过往岁月的经历亦是如此。此外，记忆和想象，有时会生动地向我们呈现出生活中某个久远的场景，仿佛发生在昨天，又仿佛近在咫尺，这是因为：我们无法清楚地回想起从那时到现在，这漫长间隔中已经消逝的所有事物，这一段时间，无法像一幅画卷般让我们一览无余，其间发生的事我们大多已经忘却，只能保留抽象的普遍认识，这只是一种纯粹的概念而已，并非直观的感知。因此，久远的往事仿若咫尺之遥，如同发生在昨天一般，间隔之中的时间已然消弭，生命便显得不可思议的短暂。当人老了以后，身后的漫长岁月与当下的迟暮时光，有时会在某个瞬间，近乎神迹般地呈现在我们眼前，这主要是由于在我们眼前，我们看到的是同一个固定和不可改变的现在。这种本质的内心活动，归根结底，是基于这样一个事实：时间不是我们自身的真正存在，而是存在的表象，现在则是主体和客体的连接点。此外，为何在我们青春年少时，未来的生活看似其路漫漫，遥无际涯？那是因为我们必须寻找空间以安放无尽的希望，但如果要将这些希望一一实现，哪怕同玛士撒拉[1]一样长寿都只能算英年早逝吧，另一个原因是，青年

---

[1] 玛士撒拉，《圣经》记载的人物，在《创世纪》中他是亚当与夏娃在该隐之后所生的赛特后裔。据说他在世间活了969年，是最长寿的人，后来成为西方长寿者的代名词。——译者注

人总是以自己度过的有限时日来衡量无限未来，青年人所经历的过去充满回忆，因而显得无比漫长。在过去的日子里，新奇令一切都充满意义、况味无穷，因此，之后我们常常会在记忆中回想，从而在头脑中留下深刻印象。

有时候，我们以为我们渴望再去看一看远方，但其实，我们怀念的是年轻而富有活力的自己在远方度过的时光。是时间戴上了空间的面具欺骗了我们。如果我们当真再次去往那个地方，就会发现这是一个骗局。

长寿的秘诀在于拥有健康的体魄，以灯为例，两盏油灯的不同燃烧方式对应两种长寿方法：一盏灯油虽少但灯芯纤细，因而能够长时间燃烧；另一盏灯芯粗大，但有足够的灯油可供消耗，也能够长时间燃烧。灯油好比生命力，灯芯则好比消耗生命力的所有方式。

至于生命力，我们在36岁之前，就像靠存款利息过活的人，今天花销掉的，明天又能赚回来，但36岁之后，我们就更像是要动用本金才能维持生活的人了。起初，我们对此毫无察觉，因为花销的大部分会自动填满，微小的财务赤字并不能引起我们的注意，但财务赤字在增长，渐渐变得显眼，增长的势头也愈演愈烈，财务赤字越来越大，我们一天天地变得贫困，没有什么能够阻挡事态的恶化，仿佛人从高空加速坠落，最终一切尽归于无。当此处作为比较的二者，即生命力与财富，共同消耗散逸的时候，的确令人消沉沮丧，因此，年龄越大，对钱财越在意，相比之下，在成年以前，甚至成年之后的一段时间内，我们的生命力就像是增长的利息持续纳入本金的复利滚存，不但开销会自动偿还，本金也会随之增加。如果拥有一位细心周全的忠诚顾问，那么我们的财富也会得到增加。青春何其欢畅！迟暮何其哀伤！无论如何，我们都应该珍惜自己的青春活力。亚里士多德观察到（《政治学》最后一册第5章）在奥林匹克体育竞赛中，青年时期和中年时期都能够获奖的选手，寥寥无几，早年的训练与准备耗尽了他们的生命力，成年以后体能就难以为继了。肌肉力量如此，神经活力更是如此，而神经活力的外在表现，就是所有智力上的成就。所以，那些神童，就是温室培育的成果，少时表现不俗，长大后却泯然众人，甚至许多满腹经纶的学者，早期因为学习古代语言而用脑过度，导致后期出现了思想迟钝，失去判断力的情况。

我注意到，几乎每个人的性格，都会与生命中的某一阶段格外协调，这样，他在特定的阶段就会表现得更具优势。有些人小时候招人疼爱，长大后却不再讨人喜欢；有些人年轻时身强力壮，老了以后一无是处；也有不少人老了以后却展现出最好的状态，慈爱而又宽宏，因为他们的阅历更丰富了，为人处世更沉稳练达。这种情况，在法国人中较为常见。这一切一定是由于人的性格本身具有某些年轻、中年或老年所特有的气质特点，这与人生的某一特定阶段相协调，或者在人生的某一特定阶段发挥了修正作用。

正如船上的人，只有通过观察岸上事物的后退和缩小才能确认自身正在前行，同样，要是在我们的眼里，比自己年长的人依然年轻，那么，我们该意识到，是自己变老了。

我们已经讨论过，为何随着年龄的增长，我们所见过的、听过的和经历过的一切，在脑海中留下的痕迹会越来越少，从这个意义上我们可以断言，只有在青年时期，我们才处于完全意识的生活状态，而到了老年时期，我们实际上只处于半意识的生活状态。岁数越大，生活的意识便越微弱，世事匆匆忙忙，全无踪迹，就像是一件看过一千次的艺术品，再不能给我们留下任何印象。我们只顾做该做的事，过后却不知到底做了什么，既然生命变得越来越无意识，那么它越发靠近意识停止的临界点，生命的进程也就越来越快。童年时期，新奇感将一切事物与事件都纳入了意识，因此日子无比漫长，旅行时也会有同样的感受，出门在外一个月的时间感觉比居家四个月的时间还要长。然而，对事物的新奇感并不能阻止时间流逝，尽管对我们而言，在上面两种情况下，时间似乎都变得更长了，但那也只是较之年老或者居家时。长时间习惯于同样的感觉和印象，会使我们的智力变得疲劳和迟钝，这样，一切都匆匆流逝了，日子也变得越来越空泛，长此以往，日子变得越来越不重要，也就越来越短了。男孩度过的一个小时比老人度过的一天还要长，因此，我们的时间就像滚落的球体一般不断地做着加速运动，也像在旋转的圆盘上，离圆心越远的点转速就越快，对每一个人来说，离生命的起点越远，时间的流逝也就越快。所以，我们可以认为，在直接评估我们对时间流逝的心理感觉时，感觉到的一年的长度与我们的年龄成反比。例如，如果一年的感觉是我们年龄的五分之一长，与一年的感觉是我们年龄的五十分之一长相比，那么，这一年似乎漫长了十倍。时间流逝速度的变化，对我们各个年龄阶段的整个存在的性质都有决定性影响。首先，这让不过区区十五年时光的童年，似乎变成了生命中最漫长的时期，因此回忆也最为丰富。不过话说回来，人越年轻，越容易感到无聊，孩童时时刻刻都需要通过消遣以打发时间，无论游戏或是工作，若有片刻停歇，便会感到无聊透顶，年岁越长就越不会感到无聊。而到了老年，时间又总是太过短暂，日子如梭似箭般飞逝而去，显然，我在这里指的是人，而不是老了的野兽。随着我们一天天变老，时间的流逝越发迅疾，无聊也就随之消弭。同时，我们的激情以及与之相伴的痛苦亦已沉寂，总的来说，只要保持身体健康，生命的负累较之年轻时会有所减轻。因此，我们把衰弱多病的高龄时期之前的一段时光称之为"流金岁月"。从安逸舒适的角度考量，这段时光确实美好，相比之下，我们的青年时代，也有其优势，青年时，一切都给我们留下了印象，令我们记忆深刻，这是思想萌发的时期、是百花盛放的春天。在此时期，深刻的道理往往只可被察觉，而不能被理解，也就是说，我们最初的认识是直观的，是通过瞬间的印象获得的。这种瞬间印象必须强烈、生动而深刻，才能带来直观认识，所以，在获取直观认识方面，一切都取决于我们如何利用自己的青春岁月。在随后的日子里，我们能够给他人，实际上也是给世界留下更多的印象，是因为我们自身已变得完备和圆满，不再受他人的影响，然而，世界对我们的影响也相对减少了，所以这一时期是行动和成就的时期，青年时期则是对事物形成原始概念和认知的时期。

青年时期，直观感知占据上风，而老年时期，沉思占据上风；因此，年少宜写诗，年老宜研究哲学。在实际事务中，青年时期听从直观感知和印象的支配，年老后则只听命于思想的指挥，部分原因在于：人只有到了老年，直观感知才能充分沉淀，归纳形成概念，从而赋予直观感知的案例以意义、主旨和可信度；同时，通过应用和实践，缓和直观感知所形成的印象。相比之下，青年时期对事物的直观感知，即外在印象，尤其是对那些活跃而富有想象力的头脑而言，影响是如此之巨，以至于他们把世界视为一幅图像。所以，他们主要关心的是他们在其中扮演着什么样的角色，而不是自身在精神和道德上的感受，这一点已经在年轻人的个体虚荣心以及对服饰的热切追求中得到反映。

毫无疑问，我们精力最旺盛和最集中的时期是在35岁之前，过了这个年龄，精力就开始衰退，尽管这个衰退过程非常缓慢。不过，在之后的岁月里，甚至到了晚年，人们并不是没有获得某种精神上的补偿，到了那时，一个人的阅历与学识才真正丰富起来，才有时间和机会从各方面来考虑和权衡我们的思想。我们把不同的事物加以对比，可以发现它们之间的关联点和共同点，从而真正理解它们之间的关系，一切都被重新梳理，因此，我们对于年轻时候已经了解的事物有了更透彻的认识，因为我们对每一个概念都有了更多的验证。年轻时自以为了解的事物，到了年老时才真正懂得，更重要的是，年老时我们实际上知道得更多，此时的知识经过多方面的反复论证而变得真正统一和连贯，相比之下，年轻时，我们的知识是破碎而片面的。而人，只有步入老年，才能获得一幅完整、连贯的关于生活的精神图像，因为，此时他看到了生活的全貌和自然进程，与其他人仅仅从入世的角度审视生活尤为不同的是，他是从出世的角度审视生活的。这样，他极为全面地认清了生活彻底的虚无本质，而不是像其他人那样执迷不悟地以为所有事物都终将变得美好。相比之下，我们在年轻时期有更多的设想，因此能从有限的认知中发散出更多，但到了老年，我们更具判断力、洞察力，对事物的认识也更具根本性。在青年阶段，天赋异禀者就已开始为他的原始的基本观点——他注定要向世界展现的观点——积累认知素材，但要在数年之后，他才能成为这些素材的主人，因此，我们发现，伟大的作家通常要到50岁左右才能创作出经典名作。尽管如此，青年时期仍然是知识之树的根系，虽然只有树梢才能结出果实，但正如每一个时代，即使是最卑劣的时代，都自认为比之前的时代更为文明，更不用论更久远的时代了，对于人生的各个阶段，我们也总是持有同样的观点，但这两种认识通常都是错误的。身体成长发育的时期，当我们的智力和知识与日俱增时，肯定现在而轻视过去就成了一种习惯，这种习惯在我们的头脑中根深蒂固，甚至在智力渐趋衰退时、当我们今天满怀敬意地回顾昨天时，这种习惯依然存在，因此，我们不仅常常低估了自身早年的成就，也往往低估了自己早年的判断。

在这里，需要指出的是，虽然人的智力或头脑以及性格或心灵，就其本质而言都是天生的，但人的智力或头脑绝不像性格或心灵那样一成不变。相反，它们受到诸多变化的影响，总体来说，这些变化是有规律可循的，部分是基于头脑或智力的物质基础，部分是基于其经验素材。如此，智力或头脑自身的力量经过逐渐增强直至顶峰，在这之后便逐渐衰退，直至最后的痴呆状态。另一方面，占有智力或头脑力量并使之保持活跃的素材，亦即思想和认知的主要内容，是我们的经验、成就和实践——我们通过这些完善对世界的洞察——在一个决定性的弱点出现之前，都是一个不断增长的总量。人是由一种绝对不可改变的因素，和另一种规律地以两种相反方式改变的因素，所组成的综合体，这就解释了为何在人生的不同阶段，一个人会有不同的表现和价值。

我们也可以从更广泛的意义上说，人生的前四十年提供了文本，而接下来的三十年则为文本提供了注脚，后者教会了我们正确理解文本的真正意义和个中关联，并揭示了它所包含的道德启示和所有微妙细节。

生命的尽头，犹如一场化装舞会结束，所有人都摘下了面具，此时，我们才知道在我们的人生历程中，与我们发生关联的人的真面目。这时，品性已经袒露，行为已经结果，成就已经获得应有的钦佩，所有的幻想亦已破灭，这一切都与时间密不可分。奇怪的是，只有当我们走到生命的尽头时，我们才能真正认清和理解我们自身、我们真实的目的和诉求，特别是我们与世界以及他人的关系。我们通常（但也不绝对）不得不接受自己的位置——一个低于先前预期的位置，但有时候我们应该给自己一个更高的定位，因为从前我们对卑劣庸俗的世界缺乏充分的认识，所以我们的目标才会显得过高。顺便说一句，这时，我们也开始明白自身究竟拥有什么。

我们习惯将青年时期称为生命的幸福阶段，将老年时期称为不幸阶段。倘若情欲当真能够使我们快乐，这一说法倒也能成立，但青春为情欲所困惑、撕裂，情欲带来的快乐太少而痛苦却太多。老年时期，情欲冷却，一切归于平静，人们随即拥有沉思的气质，因为这时，人的认知挣脱了束缚，占据了主导地位。因为认知本身并无痛苦，所以认知在意识中越是占据主导地位，我们就越能感到幸福，老年时期更能抵御不幸，但在青年时期，我们更能忍受不幸。我们只需认清所有快乐的本质都是否定的，而痛苦的本质都是肯定的，就能明白情欲其实并不能让我们快乐，老人亦无需为缺少激情的乐趣而感到遗憾，因为每一种快感的产生都只是一种需求或欲望的缓解，欲求消失而快感停止，这不值得抱怨，正如我们饱腹之后便不再进食，酣睡以后就会醒来一样。柏拉图在《理想国》中正确地认为：垂暮之年最为幸福，前提是人们最终摆脱了性冲动的烦扰折磨。我们甚至可以这么说，只要人仍受到性冲动的影响，或者仍处于冲动的魔鬼的控制和摆布下，那么，性欲所造成的形形色色的、永不休止的胡思乱想和情绪波动，会使人处于一种轻微的癫狂之中，因此，只有在情欲熄灭以后，人才会变得理性起来。除去极个别特殊情况，可以肯定的是，青年的特征具有某种忧郁和悲伤，老年的特征却带有某种程度的喜悦。原因很简单，年轻人受到性欲这一魔鬼的控制，甚至奴役，这个魔鬼不会有片刻懈怠，不会放人们片刻自由，同时，它几乎是所有降临在人类头上,威胁人类的,邪恶和不幸的直接或间接的作祟者;而享受喜悦的老人,则如同一个人卸下长期背负的枷锁,终于得以自由活动。但另一方面,我们也可以说,性冲动熄灭之后,生命的内核亦消失殆尽,不过徒留一副躯壳而已,事实上,这就像一出喜剧,开场由真人表演,随后机械人偶粉墨登场,并将演出进行到底。

不管怎样,青年时期是悸动不安的时期,老年时期则是恬静祥和的时期,由此可以推断出两个时期各有各的舒适安逸。孩子贪婪地伸出双手,试图抓住映入眼帘的异彩纷呈、千姿百态的一切,他为眼前的一切着迷,他的感觉是那么稚嫩和新鲜。青年也同样如此,他沉迷于花花世界,具有更旺盛的精力,他的想象力所欲求的,比世界所能允诺的更多。因而,他热切地渴望一些模糊而不确定的事物,这种渴望夺取了他的安宁,但如果缺乏安宁,幸福也就无从谈起了。因此,青年认为凡世间所有皆可得,老年人则深信《传道书》[1]所言:一切皆虚妄。他们深知,坚果无论镀多少层金,内里依然空洞。人

---

[1] 《传道书》,由耶路撒冷国王所罗门所著,是《圣经·旧约》中的一章。——编者注

至老年，一切皆已平息，一方面是因为老人的血液已冷却，感官不再容易受到刺激，另一方面是因为经验使他们认清了事物的价值和快乐的内涵。如此一来，先前遮蔽和扭曲了我们对事物的自由和正确认识的幻想、假象和偏见得到了清除，现在，我们得以更加清楚和正确地认识所有事物，接受事物本来的面目，或多或少地洞察到尘世间所有事物的虚无浮华。正因如此，几乎每一位老人，哪怕他资质平平，都带有某种迥异于年轻人的智慧气质。所有的一切，都导向这一主要结果：心灵的平静，是构成幸福的一大要素，实际上也是幸福的前提条件与本质。

只有到了晚年，我们才能真正达到贺拉斯的境界，"不要让自己在欲望和恐惧面前惊慌失措，不要失去平静"，（贺拉斯，《书信集》）换言之，直到晚年，我们才会直接、诚挚、坚定地相信万物的虚无和繁华世界背后的空洞。幻想已破灭，我们不再认为在某个地方，宫殿或茅舍，存在着某种特殊的幸福——大过于我们摆脱了身体或精神痛苦时所感受到的幸福。于老人而言，再无所谓的世界价值标准所划分的高低贵贱之分，这让老人拥有了一份特殊的安宁与祥和，怀着这份安宁祥和，他们微笑着俯瞰这瞬息万变的世界。他们已不抱任何希望,并且知道,无论多么卖力地粉饰生活,贫瘠与匮乏还是会透过华丽的服饰与耀眼的金箔露出马脚;无论怎么乔装打扮,生命在本质上都是一样的,生命的真正价值只体现在痛苦的缺少程度,而非是否缺乏欢愉,更不是浮华与夸耀(贺拉斯,《书信集》)。老年时期的基本特征就是幻灭:那些赋予生活以魅力,激励我们前行的幻想已破灭,此时我们已认清世界的冠冕堂皇,尤其是认清了辉煌壮丽背后的虚无空洞,我们已经知道,大多数渴望和希冀的背后,其实空无一物,我们渐渐领悟到了整个生命的贫瘠与空虚。古稀之年以后,人们才会明白《传道书》中第1节的含义,并陷入郁郁寡欢。

此外,人们总是认为老年时期的命运是疾病与无聊,但其实疾病并非老年之必然,尤其是对长寿者而言,因为"随着年龄的增长,健康或疾病也在增加"。至于无聊,我在前文已经阐述过为何老年较之青年更少遭受无聊的侵蚀。老年时期固然无可避免地将我们引向孤独,其原因显而易见,但孤独绝非必然伴随着无聊,相反,无聊只属于那些,除了感官快乐和社交快乐便再无其他乐趣可寻的人、那些智慧的力量未得到开启与发展的人。确实,我们的智力在年老时会有所衰退,但抵御无聊绰绰有余,诚如前文所言,通过经验、知识、实践与反思，我们对事物的洞察将更为深刻，判断将更为敏锐，事件之间的次序与关联也将愈发明晰，我们对所有事物都获得了更为全面的概览。通过对知识的定期积累与不定期扩充，进行持续的有机结合，真正的自我修养从各方面得以持续提升，我们的心灵因此被占据、满足和激励，而我们智力的衰退，也因此获得了一定程度的补偿。此外，如我所言，老年阶段，日子逝去如飞，正好抵消了无聊。体力的衰退倒是影响不大，除非我们需要依赖体力谋生。贫困乃是老年时期的一大不幸，若这一不幸得以解除，又能保持身体健康，老年时期则可谓是生命中相当能过活的一段时期了。生活的舒适与安定是此阶段的主要诉求，因此，老人们甚至比年轻人更喜爱金钱，因为金钱能够代替日渐衰弱的体力。被爱神维纳斯抛弃后，老人们就欢欣地转向酒神巴克斯处寻欢作乐。好为人师的欲望取代了探索、旅行和学习的欲望，若老人仍保持着对学习、音乐和戏剧的热爱，以及对外界事物的敏感，也不啻为一种幸运。对于某些老人来说，他们终其一生都保持着对上述事物的热爱。

一个人自身所拥有的一切，永远不会比年老时对他更有裨益。当然，向来愚笨迟钝的人，随着年岁增长，越发像一个机械人，他们总是重复着同样的事情，任何外在的印象都不能给他们带来一丝改变，或在他们身上唤醒任何新的事物。同这种老人谈话，如同在沙地上写字，笔迹刚一写下就立即被抹去。当然，这样的老年时期不过是生活的"余烬"。在一些极端罕见的例子里，老人第三次长出了牙齿，大自然似乎想要通过这第三副牙齿以象征这些老人开始了第二度童年。

随着年龄的增长，所有的力量都在消失，这固然令人悲伤，但也是趋势使然，甚至于我们有益，若非如此，为死亡做准备将过于艰难。因此，寿终正寝是对长寿者最大的恩赐，这是一种非常容易的死亡方式，没有病痛、抽搐相伴随，并且毫无感觉。关于这一点，可在《作为意志和表象的世界》第2卷第1章中找到详尽的描述。

无论活多久，我们所拥有的不过是不可分割的现在而已，但每一天，因为遗忘而失去的记忆要多于积聚保留的记忆。随着年龄的增长，人类的事务似乎也渐渐化繁为简。年轻时，我们面前的生活坚固而稳定，而现在，生活就像一场稍纵即逝的战斗，浮华、空虚得以突显。

青年时期与老年时期的区别在于，前者面向未来，后者面临死亡；前者拥有短暂的过去和长远的未来，后者则恰恰相反。老年时期的生活犹如悲剧的第5幕，我们知道悲剧即将结束，但不知道还会发生什么。人老之后，面对的只有死亡，但在年轻的时候，面对的却是生存。问题在于生存和死亡，哪一个更冒险？综观全局，生前事与身后事，哪个更好？哪个又更坏？事实上，《传道书》说过："死亡的日子好过出生的日子。"一味追求长命百岁，无论如何都过于鲁莽，因为有句西班牙谚语说得好："活得越久，经历的不幸越多。"

诚然，个体的生命历程并非如同占星术试图让我们相信的那样，已经预示在行星上面，然而，若将人生的各个阶段都与行星相对应，那么人的生命也就依次相应地由行星支配。十几岁时，人们由信使星[1]掌管，人们如信使星般在狭小的圆圈里快速而轻盈地转动，容易被小事分散注意力，但在机敏和雄辩之神的庇佑下，人们能够轻而易举地学习到很多知识。二十几岁时，人们由维纳斯掌管，爱情和女人完全占据了我们。三十几岁时，战神星[2]掌管着人们，这一时期的人们冲动、强壮、勇敢、好战，且目空一切。人至四十，四小行星接过了掌管的权杖，人们的生活随之变得更为宽广，人们变得简朴，

---

[1] 信使星，即水星。——编者注
[2] 战神星，即火星。——编者注

换而言之，人们喜爱实用的东西——这是受谷神星[1]的影响所致；他有了自己的安乐窝——这是受灶神星[2]的影响；人们知道了自己想要知道的——这是受智慧女神星[3]的影响；而家中的女主人，则作为天后星[4]主持着家中事务。但到了五十岁，人们就由朱庇特[5]掌管了，此时已比多数人都多活了些时日，觉得自己比同时代的人拥有更多优势，充分享受着自己的力量、丰富的阅历和渊博的知识，他（视个性与地位而定）在周围的人中拥有权威。因此，他不再愿意服从命令，而是喜欢下达命令，现在，他适合在自己的领域充当指挥者和领导者。在朱庇特的庇佑下，五十岁的人抵达了光辉的顶点。随后，人们在六十几岁，由农神星[6]接管，伴随而至的是铅块一样的笨重、迟缓和坚韧。最后是天王星，此时，正如他们所说的，人

---

[1] 谷神星，太阳系中最小的，也是唯一位于小行星带的矮行星。——编者注
[2] 灶神星，太阳系中最大的小行星之一。——编者注
[3] 女神星，即智神星，是小行星带中第二重小行星。——编者注
[4] 天后星，即小行星JUNO，其体积大小在小行星带中排第四名。——编者注
[5] 朱庇特，即木星。——编者注
[6] 农神星，即土星。——编者注

们去了天堂。我在这里不考虑海王星（不幸的是，人们由于粗心大意而将它错误命名），因为我不能称呼它真正的名字"厄洛斯"[1]，否则，我会指出生命的开始和结束是如何联系在一起的，也就是说厄洛斯是如何秘密地与死亡紧密相连的。正因为厄洛斯之故，埃及人所说的奥克斯[2]和阿蒙蒂斯[3]不仅仅是索取者，还是给予者；死亡就是生命的一大源泉。因此，一切都来源于奥克斯，一切现有的具有生命力的东西曾经都是从那儿来的。如果我们能够真正明白生命的奥秘，那么一切都将水落石出。

[1] 厄洛斯，古希腊神话中的小爱神，在最早的来源中他被称为是创造世界的原始神之一。——编者注
[2] 奥克斯，此奥克斯可能指公元前350年终结当时埃及政权的奥克斯王子，也可能指神话中的冥界、冥王。——编者注
[3] 阿蒙蒂斯（Amenthes）应指阿蒙蒂斯峭壁（Amenthes Rupes），埃及神话中的冥界。——编者注

叔本华年谱

1788年　2月22日，亚瑟·叔本华出生于但泽（今波兰格坦斯克）一个商人家庭，父亲海因里·弗洛里斯·叔本华，母亲约翰娜·叔本华。3月3日，叔本华在圣玛利亚教堂受洗，之后随母亲迁居奥里瓦庄园，在那里度过了童年。

1793年　但泽被划归普鲁士，叔本华一家离开但泽，迁居汉堡，住旧城新街76号。

1796年　叔本华一家搬到汉堡新万德拉姆街92号。

1797年　叔本华的外祖父克里斯蒂安·H.特罗西纳去世。同年7月，随父亲前往巴黎勒阿弗尔。

1799年　8月，叔本华一家回到汉堡。叔本华入读龙格博士办的私立学校，直至1813年。

1800年　叔本华一家前往布拉格和卡尔斯巴德旅行。叔本华在魏玛会见席勒，在柏林会见伊夫兰德。

1803年　叔本华遵循父亲的意愿，决定不读文科学校，不当学者。他开始了一次长达数年的旅行，周游荷兰、英国、法国和奥地利，同时学习经商。

1804年　9月，叔本华在但泽住了三个月，在巨商雅各布·卡布隆处学习。卡布隆后来创办了商业学院。

1805年　年初，叔本华在汉堡巨商马丁·约翰·耶尼施处学习。4月20日，叔本华的父亲去世。8月，母亲约翰娜·叔本华将新万德拉姆街的房子卖掉，全家迁往科尔霍夫街87号。

1807年　5月，叔本华离开汉堡，途经魏玛去戈塔，与卡尔·路德维希·费尔瑙结为朋友。6月，叔本华开始在戈塔文科中学跟弗里德里希·雅各布兄弟学习，住在卡尔·戈特霍德·棱茨教授家中。12月，叔本华离开文科中学，迁居魏玛，与作家约翰内斯·丹尼尔·法尔克和剧作家扎哈里亚斯·维尔纳相识。

1809年　2月3日，叔本华与卡罗琳·耶格曼同时在魏玛参加一个假面舞会。2月22日，叔本华成年。10月7日，叔本华前往哥丁根，并在那里开始学医，与后来任普鲁士驻梵蒂冈、驻伦敦大使克里斯蒂安·卡尔·约西亚斯·冯·邦森，以及威廉亚姆·巴克豪泽·阿斯泰尔结识。

1811年　9月，叔本华开始在柏林大学学习，直到1813年。约翰·戈特里布·费希特在此执教。叔本华研究费希特哲学。

1812年　夏，叔本华与德国神学家、哲学家弗里德里希·恩斯特·丹尼尔·施莱马赫尔发生争论。

1813年　5月2日，吕策与格罗斯戈森战役爆发，叔本华逃出柏林，前往德累斯顿。11月5日，回到魏玛他母亲身边。

1814年　5月，叔本华和母亲彻底决裂。叔本华离开魏玛，后在德累斯顿住了四年。

1818年　3月，叔本华完成《作为意志和表象的世界》初稿。8月，撰写前言。

1819年	年初,《作为意志和表象的世界》出版。8月,但泽亚伯拉罕·穆尔商号倒闭,叔本华一家发生财政危机。12月31日,叔本华申请在柏林大学执教。
1820年	叔本华与黑格尔发生争执,叔本华的第一次,也是唯一一次讲座《整个哲学就是关于世界的本质和人的精神的学说》失败。
1822年	5月27日,叔本华途经瑞士前往米兰和佛罗伦萨旅行。
1824年	5月26日,叔本华前往加斯泰因浴场治病。
1829年	叔本华翻译西班牙哲学家巴尔塔扎尔·格拉西恩的《处世预言》。出版商勃洛克豪斯拒绝接受出版。
1831年	8月25日,叔本华因惧怕霍乱离开柏林。
1833年	7月6日,叔本华定居法兰克福,在那里度过了余生的二十八年。
1835年	撰写《自然界中的意志》。
1838年	4月17日,母亲约翰娜·叔本华去世。
1839年	叔本华撰写征文《论意欲的自由》。
1840年	叔本华撰写征文《论道德的基础》。
1843年	3月1日,叔本华迁往法兰克福好希望街17号。
1844年	出版商勃洛克豪斯出版《作为意志和表象的世界》的第二版。
1851年	11月,《附录和补遗》在柏林由A.W.海因出版。

1854年　　《自然界中的意志》第二版出版。

1857年　　波恩大学讲授叔本华的哲学。

1858年　　叔本华拒绝提任柏林皇家科学院院士。

1859年　　《作为意志和表象的世界》第三版出版；7月，叔本华迁居好希望街16号。10月，伊莉莎白·奈完成叔本华的雕像。

1860年　　8月，叔本华突然昏厥。9月9日，叔本华被查明得了肺炎。9月21日，叔本华去世。9月26日，叔本华葬于法兰克福市公墓。